학생부종합전형 합격공식

학생부종합전형 합격공식

초판 1쇄 발행 2019년 7월 15일
개정판 1쇄 발행 2022년 4월 8일

지은이 이지원 박선자 홍혜경
펴낸이 이범상
펴낸곳 (주)비전비엔피·애플북스

기획 편집 이경원 차재호 김승희 김연희 고연경 박성아 최유진 황서연 김태은 박승연
디자인 최원영 이상재 한우리
마케팅 이성호 최은석 전상미 백지혜
전자책 김성화 김희정 이병준
관리 이다정

주소 우)04034 서울시 마포구 잔다리로7길 12 (서교동)
전화 02)338-2411
팩스 02)338-2413
홈페이지 www.visionbp.co.kr
인스타그램 www.instagram.com/visioncorea
포스트 post.naver.com/visioncorea
이메일 visioncorea@naver.com
원고투고 editor@visionbp.co.kr

등록번호 제313-2007-000012호
ISBN 979-11-90147-97-2 13370

도서에 대한 소식과 콘텐츠를
받아보고 싶으신가요?

학생부 종합전형 합격공식

2022~2024년 수시 합격 솔루션

이지원·박선자·홍혜경 지음

애플북스

학생부종합전형은 누구에게나 기회를 주는 입시전형이다!

학생부종합전형은 상위권 대학 입시에서 가장 많은 비중을 차지하고 있어 교사와 학생, 학부모까지 모두 관심을 갖고 준비할 수밖에 없다. 그러나 준비 방법에 대해서는 누구도 확신이 없어 불안해한다. 자신과 비슷한 수준이라 생각한 학생이 자신보다 더 좋은 대학에 합격하는 상황에서도 무엇 때문에 그와 같은 결과가 생겼는지 정확히 파악하기 어렵다. 그래서 학생부종합전형의 다른 이름은 '깜깜이전형'이다.

하지만 조금만 깊이 들여다보면 학생부종합전형은 숫자로는 보이지 않는 나의 노력을 유일하게 인정받을 수 있는 전형임을 알 수 있다. 내가 좋아하거나 흥미 있는 분야에 대해 꾸준히 노력하는 모습을 통해 내신의 불리함을 극복할 수 있는 기회이기 때문에 매년 다양한 종류의 성공 사례가 생기는 것이다. 그래서 결국 우리가 반드시 알고 넘어가야 할 상황이라면 긍정적으로 받아들이고 적극적으로 대응하는 편이 효과적일 것이다.

그렇다면 도대체 언제부터, 어떻게 학생부종합전형을 대비해야 할까? 사실 학생부종합전형에 대한 정보를 얻을 수 있는 곳은 의외로 많다. 하지만 공교육과 사교육에서 무분별하게 쏟아지고 있는 분석 자료와 성공 사례들은 "이렇게도 대학에 갈 수 있구나"라는 자신감을 주기도 하지만 학생들에게 잘못된 방향이나 마구잡이 식으로 입시를 준비하게 만들어 한정된 시간을 낭비하게 하는 원인이 되기도 한다. 또한 주변에서 본 하나의 성공사례를 그대로 따라만 하면 좋은 대학에 합격할 수 있다는 그릇된 생각을 가질 수도 있다.

그래서 학생과 학부모들에게 학생부종합전형을 올바르게 이해하고 준비할 수 있는 기회를 제공하기 위해 이 책을 만들었다. 단순히 상위권 학생이 명문대에 합격하기 위한 비법을 소개하는 책이 아니다. 중, 하위권 학생들도 자신의 상황에 맞게 준비할 수 있도록 각자에게 맞는 방법을 알려주고자 한다. 결과적으로는 모두가 주어진 기회를 적극적으로 활용해 희망하는 대학에 합격할 수 있도록 돕고 싶은 것이다.

마지막으로 당부하고 싶은 것이 있다. 이 책은 한 번 읽고 덮어서는 안 된다. 고1 학생부터 고3 학생까지 진로와 연계된 학교 활동을 계획하거나 자기소개서를 작성할 때, 또는 면접 대비를 할 때 관련된 내용을 매번 찾아가면서 보기 바란다. 이렇게 자신의 상황에 따라 시기별로 필요한 준비를 적절하게 진행한다면 분명 좋은 입시 결과를 얻을 것이라 확신한다.

학생부종합전형은 누구에게나 기회를 주는 입시전형이다. 정확하고 효율적인 대비로 희망하는 대학에 꼭 합격할 수 있기를 진심으로 기원한다.

이지원 · 박선자 · 홍혜경

차례

PART 2
셀프 브랜딩, 자소서 작성하기

01. 자소서 잘 작성하는 열 가지 법칙

02. 자소서 단계별 작성법

03. 전공별 합격생들의 자소서

PART 3
합격의 최종 관문, 면접

PART 4
백전백승, 합격생의 생기부

학생부종합전형 합격생의 합격공식

[부록] 입학사정관 학생부종합전형 평가 기준 안내

PART 1

나만의
맞춤형
생기부
만들기

생기부는 선생님이 작성하는 것이다?

맞다. 생기부(생활기록부)는 학생이 작성하는 것이 아닌 선생님이 작성하는 것이다. 하지만 한 명의 선생님이 많은 학생들의 생기부를 작성해야 하는 상황에서 전적으로 모든 것을 알아서 해달라고 하는 것은 타인에게 나의 미래를 맡기는 것과 같다고 볼 수 있다. 지금까지 내가 본 학생들의 생기부는 1,000개가 훨씬 넘는다. 그중 특목고나 자사고, 일반고에 상관없이 정리가 잘 된 생기부가 있는가 하면, 분량은 많지만 학생의 특징이 조금도 보이지 않는 생기부도 있고, 작성된 내용이 거의 없는 생기부도 있었다. 무엇이 이런 차이를 만들까?

처음에는 선생님 탓이라 생각했다. 선생님이 적극적인 의지가 없기 때문에, 생기부를 작성하는 것을 귀찮아해 아이의 인생을 좌우할 수 있는 생기부를 망치고 있다고 생각했다. 하지만 학생과의 상담 횟수가 증가할수록, 그들이 나에게 보여 준 생기부 내용이 많아질수록 나는 건질 내용이 전혀 없는 생기부가 교사의 잘못이 아닌 학생의 문제로 인식되기 시작했다.

생기부가 어떻게 작성되는지 알고 있나요?

우리가 확인할 수 있는 생기부는 작성 방법이 정해져 있다. 어떤 내용을 중심으로 어떻게 작성해야 하는지에 대해 가이드도 자세하게 나와 있다. 하지만 많은 학생과 학부모들은 좋은 내용을 써주기만을 희망할 뿐 생기부를 어떻게 작성해야 하는지에 대해 기본적인 내용조차 모르고 있는 경우가 더 많다. 이러니 학생하고 선생님이 생기부에 대해 구체적인 대화를 나누는 게 어려울밖에.

반대로 생기부의 세부 내용을 어떤 식으로 작성해야 하는지, 어떤 내용을 기재해야 하는지 정확히 알고 있는 학생들은 선생님과 생기부 작성에 대해 구체적으로 논의할 수 있고, 선생님 또한 학생이 희망하는 부분을 적극적으로 반영해 줄 수 있다. 선생님이 생기부를 작성할 때 학생이 적극적으로 도와주어야만 차별화된 나만의 생기부를 완성할 수 있는 것이다.

내가 만났던 학생들 중 남들에게 보여 주고 싶은 생기부를 가지고 온 학생들은 대부분 생기부에 세부 내용이 어떻게 작성되어야 하는지 정확히 알고 있었다. 생기부 작성 방법에 대해 확인하는 것은 정말 중요하다! 선생님이 생기부를 잘 쓸 수 있도록 도와주어야 입시에서 유리한 생기부를 완성할 수 있기 때문이다.

학년별 전략이 필요하다?

많은 학생들이 다양한 활동을 통해 자신의 생기부를 채우고 있다. 하지만 대부분 로드맵을 구성한 후 체계적으로 활동을 진행하는 것이 아니라 즉흥적이거나 단순히 자신의 진로와 연관성 있는 활동을 선택해 진행하는 경우가 많다. 하지만 이는 올바른 전략이 아니다. 많은 학생들이 활동을 꾸준히 이어 갔음에도 불구하고 정작 자소서(자기소개서)를 작성할 때 쓸 만한 사례가 없어서 고민하는 경우를 많이 봐왔다. 어떤 때는 자신이 진행한 활동조차 제대로 기억하지 못하는 경우도 있었다. 자신의 진로나 학업 로드맵을 구체적으로 작성하고 그에 맞춰 착실하게 진행해 나간다면 분명 입시에서 유리한 위치를 선점할 수 있다.

PART 1에서 설명하고자 하는 것은 바로 나에게 유리한 생기부를 작성하는 노하우다. 어떻게 활동을 계획하고 진행해야 하는지, 활동 결과물을 선생님과 어떻게 상의하고 생기부를 작성할 것인지에 대해 지금까지 내가 만나 본 학생들의 사례들을 통해 제시하고자 한다. 현재 고등학생이라면 반드시 읽어본 후 학교 활동에 적용해 보기 바란다.

01

항목별 생기부 사용설명서

학생부종합전형(학종)은 기존에 교과 성적 등을 수치로 산정하여 평가했던 것과는 달리, 지원자가 제출한 서류를 종합적으로 살펴봄으로써 기초학업 역량, 전공학업 역량, 진로에 대한 관심, 전공에 대한 탐색, 인성, 가치관 등 수치화하기 어려운 역량을 정성적으로 평가하는 대입 전형 방법이다. 이러한 평가를 위해서는 각 학생의 '세부적인 교과 및 비교과 활동에 대해 기술한 자료'가 필요하며, 이에 대한 자료 대부분이 생기부에 기재된다. 따라서 학종에 제대로 대비하고자 한다면 생기부에 대한 이해가 선행되어야 할 것이다. 생기부의 다양한 항목들과 기재 방법에 대해 차근차근 살펴본 후, 자신 또는 자녀의 생기부를 보다 전문적인 관점에서 해석해 보길 바란다.

생기부는 모든 학생이 학교생활을 하면서 보이는 학업 성취도와 인성을 종합적으로 관찰 및 평가하는 자료다. 이는 학생 지도를 위한 자료로 활용하기도 하지만 상급학교의 학생 선발에 활용할 수 있는 자료로서 활용도가 더 크다. 따라서 담당교사가 자유롭게 서술해서는 안 되며 모든 학교가 교육부 지침에 따라 작성, 관리해야 한다. 즉 기본적인 규칙만 알면 기재 내용을 객관적으로 분석할 수 있다.

생기부 항목은 크게 여섯 가지로 나뉘어져 있다.

① 인적 · 학적사항
② 출결사항
③ 자격증 및 인증 취득상황
④ 교과 학습 발달상황
⑤ 행동 특성 및 종합의견

이렇게 여섯 가지를 기준으로 작성한 생기부는 교육정보시스템으로 작성 및 관리하며, 전학을 가게 될 경우 기존 정보에 이어서 작성하게끔 되어 있다. 따라서 전학을 간다고 해서 모든 것을 처음부터 새롭게 시작할 수는 없는 것이다.

흔히 우리가 입시에서 활용하는 생기부는 여기에 다음 네 가지 항목이 더 추가된 학교생활 세부사항기록부(생기부II)다. 이것이 일반적으로 학교에 생기부를 요청했을 때 출력해 주는 자료다.

① 수상 경력

② 창의적 체험 활동상황

③ 독서 활동상황

그럼 각 항목에 대해 하나씩 살펴보도록 하자. 교육부가 학생부종합전형의 신뢰도를 제고하기 위해 2020학년도(2019년 고1)부터 적용된 '생기부 기재 변경사항'을 반영하였으며, 항목별로 생기부를 확인할 때 신경 써야 할 유의사항을 제시했다. 이는 과거 2019학년도 이전 생기부 기재 방식과 차이가 있으므로 웹이나 도서 자료 중 자칫 이전 설명과 혼동되는 일이 없도록 주의해야 한다.

① 인적 · 학적사항

학생정보	성명 :　　　성별 :　　　주민등록번호 : 주소 :		
학적사항	년　　월　　일　　○○중학교 제 3학년 졸업 년　　월　　일　　□□고등학교 제 3학년 졸업		
특기사항			

◆ '학생정보'란에는 성명, 성별, 주민등록번호와 입학 당시의 주소를 입력하되, 재학 중 주소가 변경된 경우에는 변경된 주소를 추가로 입력한다.

◆ '학적사항'란에는 입학 전 전적학교의 졸업연월일과 학교명을 입력하며, 검정고시 합격자는 합격 연월일과 '검정고시 합격'이라고 입력한다. 재학 중 학적 변동이 발생한 경우에는 전출교와 전입교에서 각각 학적 변동이 발생한 일자, 학교와 학년, 학적 변동 내용을 입력한다.

◆ '특기사항'란에는 학적 변동 사유를 입력한다. 특기사항 중 학교폭력과 관련된 사항은 가해 학생에 대한 조치사항을 입력한다. 특기사항 예시에는 자퇴, 휴학, 퇴학 등이 있다.

〈예시〉 질병으로 휴학한 경우

2019년 02월 14일 ○○중학교 제3학년 졸업 2019년 03월 04일 □□고등학교 제1학년 입학(2021년 06월 18일 휴학)	
특기사항	2021.06.18. 질병치료로 휴학

〈예시〉 학교폭력 관련 조치를 받은 경우

2021년 02월 15일 ○○중학교 제3학년 졸업 2021년 03월 02일 □□고등학교 제1학년 입학(2021년 06월 17일 전출) 2021년 06월 18일 △△고등학교 제1학년 전입학	
특기사항	2021.06.08. 학교폭력예방 및 대책에 관한 법률 제17조제1항제8호에 따른 전학 조치

학종 대비 유의사항	특기사항에 동의하지 않은 내용이나 불필요한 내용이 기재되어 있는지, 변경된 주소가 반영되었는지 등을 확인한다. (대입 전형자료에는 미포함)

② 출결사항

학년	①수업일수	②결석일수			지각			조회			결과			③특기사항
		질병	미인정	기타	질병	미인정	기타	질병	미인정	기타	질병	미인정	기타	
1														

- '수업일수'에는 학교장이 정한 학생이 연간 총 출석해야 할 일수를 입력한다.

- '결석일수', '지각', '조퇴', '결과'는 출결사항 관리에 따라 질병/미인정/기타로 구분하여 연간 총 일수 또는 횟수를 각각 입력한다.

- 재취학 등 학적이 변동된 학생의 동 학년의 수업일수 및 출결사항은 학적 변동 전의 것과 변동 이후의 것을 합산하여 입력한다.

- '특기사항'란에는 결석 사유 또는 개근 등의 특기사항이 있는 경우 입력하게 되며, 학교폭력과 관련된 사항은 가해 학생에 대한 조치사항을 입력한다.

〈예시〉 학교폭력 관련 조치를 받은 경우(출석인정 결석 처리: 제4호, 제5호)

학년	수업일수	결석일수			지각			조회			결과			특기사항
		질병	미인정	기타	질병	미인정	기타	질병	미인정	기타	질병	미인정	기타	
1														개근, 학교폭력 예방 및 대책에 관한 법률 제17조제1항제4호에 따른 사회봉사 조치 20시간 (2019.06.03)
2						2			3					학교폭력예방 및 대책에 관한 법률 제 17조항 제1항제5호에 따른 특별교육 이수 조치 10일 (2020.10.07.)
3														개근

〈예시〉 개근의 경우

학년	수업일수	결석일수			지각			조회			결과			특기사항
		질병	미인정	기타	질병	미인정	기타	질병	미인정	기타	질병	미인정	기타	
1														개근
2														개근
3														개근

학종 대비 유의사항	대학에 따라 내신성적은 일부 학년만 반영되더라도 출결사항은 원서 지원을 하는 해의 11월 말일까지 전 학년 내용이 반영되므로 유의해야 한다. 무단결석의 경우 일반적으로 감점이지만, 결석에 마땅한 사유가 있거나 질병으로 인한 병결인 경우는 감점 대상이 아니다. 또한 무단지각이나 무단결과가 3회 있을 경우 무단결석 1일로 환산되는데, 학교별로 감점 정도가 다르기 때문에 지원 대학의 무단결석 감점 여부를 확인해야 한다. 출결 특기사항에는 결석 사유 등이 기재되어 학생들의 인성을 평가할 수 있는 자료가 되기도 한다.

③ 수상 경력

학년 (학기)		수상명	등급(위)	수상연월일	수여기관	참가대상 (참가인원)
	1					
	2					

◆ 학교교육계획에 따라 실시한 교내상만을 기재하며, 수상 사실은 수상경력 이외의 어떠한 항목에도 입력하지 않는다(대회 참가 사실 등 기재 불가).

◆ 야간자율학습과 관련된 내용을 근거로 교내상을 시상한 경우 기재하지 않는다.

◆ 재학 중 학생이 교내에서 수상한 상의 명칭, 등급, 수상연월일, 수여기관명, 참가대상(참가인원)을 입력한다. 동일한 작품이나 내용으로 수준이 다른 상을 여러 번 수상하였을 경우, 최고 수준의 수상 경력만 입력한다.

학종 대비 유의사항	2021학년도 2~3학년의 경우 상급학교(대학) 진학 시 수상경력은 학생별 한 학기에 한 개씩만 제공한다. 따라서 양적 관리가 불가능하므로 질적 관리에 신경 써야 한다. 진로와 관련된 교과나 경시대회에 집중하고 동아리 활동이나 교과 세부 능력 및 특기사항, 독서 활동 내용과 연계할 수 있으면 좋다. 또한, 2024학년도 대입(졸업생 포함)부터 상급학교(대학) 진학 시 '수상경력'은 제공하지 않는다.

④ 자격증 및 인증 취득상황

자격증 및 인증 취득상황

구분	명칭 또는 종류	번호 또는 내용	취득연월일	발급기관
자격증				

국가직무능력표준 이수사항

학년	학기	세분류	능력 단위 (능력 단위 코드)	이수 시간	원점수	성취도	비고

〈예시〉 자격증 및 인증 취득상황 작성

구분	명칭 또는 종류	번호 또는 내용	취득연월일	발급기관
자격증	컴퓨터활용능력 2급	21-K4-010622	2021.08.28.	대한상공회의소
	전산회계운용사 2급	21-L2-001357	2021.08.19.	대한상공회의소
	정보처리기능사	21404101715C	2021.10.14.	한국산업인력공단

- ◆ 2011학년도 이후 교내·외 인증은 학교생활기록부 어떠한 항목에도 입력하지 않는다.
- ◆ 재학 중 취득한 기술 관련 자격증에 한해 입력이 가능하며, 기술 관련 민간자격 국가공인 현황은 매년 달라질 수 있으므로 반드시 확인해야 한다.
- ◆ 자격증의 명칭 및 취득 사실은 '자격증 및 인증 취득상황'란에만 입력하고, 학교생활기록부 어떠한 항목에도 입력하지 않는다.

◆ 재학 중 취득한 자격증은 누가하여 기록할 수 있으므로 이전 학년도 취득한 자격증도 학생부 정정 없이 입력 가능하다.

학종 대비 유의사항

'자격증 및 인증 취득상황'은 대입전형자료로 제공하지 않는다.

⑤ 창의적 체험활동

학년	창의적 체험활동 상황		
	영역	시간	특기사항
	자율활동		
	동아리활동		
			(자율동아리)
	진로활동		희망분야　　　　　　　　　*상급학교 미제공

학년	봉사활동 실적				
	일자 또는 기간	장소 또는 주관기관명	활동 내용	시간	누계시간

♦ 창의적 체험 활동의 3개 영역별 활동 내용인 자율활동, 동아리활동, 진로활동의 영역별 이수 시간 및 특기사항(활동 실적이 우수하거나 개별적 특성이 드러나는 사항 등을) 입력한다.

♦ 봉사활동 실적은 일자 또는 시간, 장소 또는 주관기관명, 활동 내용과 시간, 그리고 총 누계시간을 차례대로 입력한다.

▶ 자율 활동

◆ 자율 활동의 특기사항은 활동 결과에 대한 평가보다는 활동 과정에서 드러나는 개별적인 행동 특성, 참여도, 협력도, 활동 실적 등을 평가하고 상담기록 등의 관련 자료를 참고하여 구체적으로 입력한다.

◆ 정규교육과정 또는 학교 교육 계획에 의해 실시한 학생 상담 활동, 자치법정 등은 자율 활동 특기사항에 입력한다.

◆ 자치 활동 관련 내용을 특기사항에 입력할 때는 구체적인 종류를 알 수 있도록 '전교', '학년', '학급' 등을 입력하고 재임 기간을 괄호 안에 함께 표기한다.

  예) 1학기 전교 학생회 부회장(2019.03.01~2019.08.20)

◆ 자율 활동 중 행사 활동과 시간은 입학식, 졸업식, 종업식, 전시회, 발표회, 학예회, 경연대회, 학생건강체력평가, 체육대회, 수련활동, 현장학습, 수학여행 등 학교에서 주최 또는 주관하여 시행하는 활동을 포함한다.

학종 대비 유의사항	각종 교내 행사에 수동적으로 참여하면 여러 행사에 참여한 사실이 단순 나열될 뿐이다. 주도적으로 참여하면서 자신의 리더십이나 인성 등을 드러내거나 각종 발표회나 독서감상대회 등을 통해 교과 수준 이상의 지적 탐구 활동과 전공 적합성, 학업 능력을 드러낼 수 있도록 한다.

▶ 동아리 활동

활동	입력 예시
정규교육과정 내 동아리활동	(영어회화반)(34시간) 영어에 관심이 많고~
학교교육계획에 의한 정규교육과정 이외의 자율동아리활동	(로봇반: 자율동아리)
학교교육계획에 의한 정규교육과정 이외의 청소년단체활동 *2021학년도 고등학교 2, 3학년에 한함	(○○단: 청소년단체)
학교교육계획에 의한 정규교육과정 이외의 학교스포츠클럽활동	(축구발리킥클럽: 방과후학교스포츠클럽)(68시간)

◆ 동아리 활동 영역은 자기평가, 학생 상호평가, 교사 관찰, 포트폴리오 등의 방법으로 평가하여 참여도, 협력도, 열성도, 특별한 활동 실적 등을 구체적으로 입력한다.

◆ 동아리 활동은 크게 네 가지로 나뉜다.

① 정규교육과정 내 동아리 활동(영어회화반, 과학실험반 등)

② 학교 교육 계획에 의한 자율동아리 활동(드론레이서반, 독서토론반, 영화감상반 등)

③ 학교 교육 이외의 청소년 단체 활동(RCY, YMCA 등)

④ 정규교육과정 이외의 학교 스포츠클럽 활동(축구클럽, 야구클럽 등)

◆ 자율동아리는 학기 초에 구성할 수 있으며, 학기 중에 구성된 자율동아리는 입력하지 않는다.

자율동아리 구성 절차

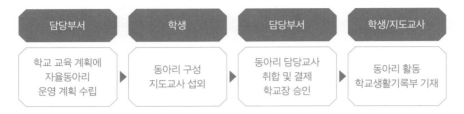

담당부서	학생	담당부서	학생/지도교사
학교 교육 계획에 자율동아리 운영 계획 수립	동아리 구성 지도교사 섭외	동아리 담당교사 취합 및 결제 학교장 승인	동아리 활동 학교생활기록부 기재

◆ 자율동아리 운영계획서는 활동 계획, 동아리 구성 인원, 지도교사 등의 내용을 포함하여 학교장의 승인을 받는다.

◆ 동아리 활동 중 학교 스포츠클럽 활동의 실적은 활동 인정 기간 동안 학교장이 승인한 학교 스포츠클럽 활동의 구체적인 활동 내용으로 동아리 활동란에 클럽명, 활동 시간, 팀에서의 역할, 포지션, 대회 출전 경력 등을 입력하되, 활동 시간은 동아리 활동 이수 시간에 합산한다.

◆ 동아리 활동의 특기사항은 해당 동아리 담당교사가 입력한다.

◆ 학생은 연간 1개 이상의 정규교육과정 내 동아리활동에 참여할 수 있으며 정규교육과정 내 동아리는 학년(학기)초에 구성하여 학년(학기)말까지 활동하는 것을 원칙으로 한다. 단, 부득이한 사유로 동아리를 변경한 경우, 학생이 활동한 내용을 동아리별로 모두 기록해야 한다.

◆ 학교교육계획에 의한 학생의 자율동아리활동은 학년당 한 개만 입력한다. 자율동아리명을 입력하되, 필요 시 동아리 소개를

30자 이내(동아리명과 공백 포함)로만 입력할 수 있다. 〈예시〉 (워드 유: 자율동아리) 소외 계층을 위한 봉사동아리

◆ 2024학년도 대입(졸업생 포함)부터 상급학교(대학) 진학 시 자율동 아리 실적을 제공하지 않는다.

◆ 2021학년도 1학년의 경우 학교교육계획에 의한 정규교육과정 이외의 청소년단체활동은 기재하지 않는다(졸업생은 2024학년도 대입부터 상급학교 미제공).

학종 대비 유의사항	교내에서 의미를 두고 행한 주요 활동을 자소서에 작성할 때 대부분의 학생이 동아리 활동을 소재로 활용한다. 따라서 동아리를 선택할 때는 신중해야 하며, 반드시 진로와 연계된 활동을 해야 하는 것은 아니지만 그럴 경우 다른 활동에서 이 부분을 보완해야 한다. 또한 학년이 올라갈수록 진로에 더 초점을 맞춰 세분화하거나 심화된 활동을 진행하는 것이 좋다.

▶ 진로 활동

◆ 학생의 진로희망(희망분야 또는 희망직업)은 '특기사항' 내의 '희망분야'란에 입력하며, 이와 관련된 내용은 상급학교(대학) 진학 시 전형자료로 제공하지 않는다.

※ 관심 분야나 희망 직업은 커리어넷(www.career.go.kr) 직업정보의 직업분류를 참고함.

※ 기재 누락과 구분하기 위해 학생이 진로희망을 정하지 못한 경우에도 '진로탐색 중임', '현재 진로희망 없음' 등으로 입력해야 함.

◆ 진로활동 영역의 '특기사항'란에는 다음과 같은 사항을 참고하여 실제적인 활동과 역할 위주로 입력한다.

(1) 특기·진로희망과 관련된 학생의 자질, 학생이 수행한 노력과 활동

(2) 학생의 특기·진로를 돕기 위해 학교와 학생이 수행한 활동과 결과

(3) 학생·학부모와 진로상담을 한 결과

(4) 학생의 활동 참여도, 활동 의욕, 태도의 변화 등 진로활동과 관련된 사항

(5) 학급담임교사, 상담교사, 교과담당교사, 진로전담교사의 상담 및

관찰 · 평가 내용

♦ 진로활동 영역은 자율활동이나 동아리활동과 달리, 학교교육과
정 상 편성하지 않은 경우에도 학생의 학업진로나 직업진로에
대한 계획서, 구체적인 관심분야, 진로상담 결과, 진로와 관련된
각종 검사를 바탕으로 특기사항을 담임교사가 입력할 수 있다.

학종 대비 유의사항	주로 학교에서 진행하는 각종 진로 관련 강연 프로그램이나 진로 적성검사 프로그램 등에 참여했던 내용이 기록된다. 이 경우 단순히 참여하는 것만으로는 자신의 특성을 강조하기 어려우므로 동아리나 소모임 차원에서 진로가 비슷한 학생들끼리 모여 대학이나 학과 탐방을 하거나 직업 탐색이나 토론 활동 등을 진행하면서 적극적인 모습을 보이는 것이 좋다.

▶ 봉사 활동 실적

♦ 봉사 활동 영역 중 학교에서 실시한 봉사 활동과 개인적으로 실시한 봉사 활동의 구체적인 실적은 별도의 양식인 '봉사 활동 실적'란에 입력한다

♦ 정규교육과정에서 실시한 봉사 활동을 인정받기 위해서는 학교장 명의로 확인서를 발급받아야 한다.

♦ 물품 및 현금의 단순 기부는 봉사 활동 실적으로 인정받지 못한다.

♦ 학생 개인 계획에 의해 실시한 봉사 활동은 학교장이 승인한 경우에만 입력한다.

♦ 봉사 활동은 시간 단위로 입력하되, 동일기간 내 같은 내용으로 봉사 활동을 지속한 경우에는 학기 말 또는 학년 말에 합산하여 시간 단위로 입력할 수 있다.

♦ 봉사 활동 시간은 1일 8시간 이내로 인정한다.

♦ 봉사 활동 시간은 창의적 체험 활동 시간과 중복하여 인정되지 않는다.

학종 대비 유의사항	2024학년도 대입(졸업생 포함)부터 상급학교(대학) 진학 시 '개인' 봉사활동 실적은 제공하지 않는다. 학교 내에서 실시하는 봉사 활동만 대입에 반영되므로, 급식 도우미 활동을 비롯하여 많은 학교에서 활성화되어 있는 멘토-멘티 활동 등에 적극 참여하는 것이 좋다. 더불어, 봉사활동 특기사항은 미입력 되지만, 필요한 경우 행동특성 및 종합의견란에 기재 가능하므로, 해당 활동을 통해 눈에 띄는 학생의 변화가 담임 교사에게 관찰된다면, 충분히 어필할 수 있는 여지도 있다.

⑥ 교과 학습 발달상황

일반교과 기재 방법

학기	교과	과목	단위수	원점수 / 과목평균 (표준편차)	성취도(수강자수)	석차등급	비고
이수단위합계							

과목	세부 능력 및 특기사항

진로 선택 과목

학기	교과	과목	단위수	원점수 / 과목평균	성취도(수강자수)	성취도별 분포비율	비고
이수단위합계							

과목	세부 능력 및 특기사항

체육/예술(음악/미술) 교과 기재 방법

학기	교과	과목	단위수	성취도	비고
이수단위합계					

과목	세부 능력 및 특기사항

♦ '교과', '과목', '단위 수', '원점수/과목 평균(표준편차)', '성취도(수강자 수)', '석차등급'을 산출하여 각 학기 말에 입력한다. 다만 직업교육 관련 전문교과는 '교과', '과목', '단위 수', '원점수/과목 평균

(표준편차)', '성취도'를 입력하고, 보통교과의 체육, 예술(음악/미술) 교과의 과목은 '교과', '과목', '단위 수', '성취도'를 입력한다.

◆ '특기사항'란에는 특기할 만한 사항이 있는 과목 및 학생에 대하여 과목별 성취 기준에 따른 성취 수준의 특성, 실기 능력, 교과 적성, 학습 활동 참여도 및 태도, 직무능력 등을 문장으로 입력한다.

과목별 성취도

성취율	성취도
90% 이상	A
80% 이상 ~ 90% 미만	B
70% 이상 ~ 80% 미만	C
60% 이상 ~ 70% 미만	D
60% 미만	E

체육/예술(음악/미술) 교과 성취도

성취율	성취도
80% 이상 ~ 100%	A
60% 이상 ~ 80% 미만	B
60% 미만	C

과목별 석차등급

석차등급	석차 누적 비율
1등급	~4% 이하

2등급	4% 초과~11% 이하
3등급	11% 초과~23% 이하
4등급	23% 초과~40% 이하
5등급	40% 초과~60% 이하
6등급	60% 초과~77% 이하
7등급	77% 초과~89% 이하
8등급	89% 초과~96% 이하
9등급	96% 초과~100% 이하

구분		원점수 / 과목평균(표준편차)			성취도(수강자수)		석차등급	비고
		원점수	과목평균	표준편차	성취도	수강자수		
보통교과	공통 과목	○	○	○	5단계	○	○	(성취도 3단계) 과학탐구실험 ※과학탐구실험은 석차등급 미산출
	일반 선택 과목 / 기초탐구생활·교양	○	○	○	5단계	○	○	교양 교과(군) 제외
	일반 선택 과목 / 체육예술	-	-	-	3단계	-	-	·수강자수 입력하지 않음
	진로 선택 과목 *기초/탐구/생활·교양/체육·예술	○	○	성취도별 분포비율 입력	3단계	○	-	·진로선택으로 편성된 전문교과 Ⅰ·Ⅱ' 포함 ·교양 교과(군) 제외 ·석차등급 및 표준편차 삭제, '성취도별 분포비율' 입력
	교양 교과(군)	-	-	-	P	-	P	
전문교과 Ⅰ		○	○	○	5단계	○	○	(성취도 3단계) 융합과학 탐구, 과학 과제 연구, 물리학 실험, 화학 실험, 생명 과학 실험, 지구과학 실험, 사회 탐구 방법, 사회과제 연구

전문교과 Ⅱ	○	○	○	5단계	○	-	·석차등급은 산출하지 않음
전문교과 Ⅲ	○	○	○	5단계	○	-	·석차등급은 산출하지 않음 ·특수교육 교육과정을 운영하는 학교에 한함
보통교과 및 전문교과 Ⅰ 중 수강자수 13명 이하인 과목	○	○	○	교과 (군)별 3단계 또는 5 단계	○	'·' 또는 '○등 급'	·보통교과 공통과목 과학탐구실험, 진로선택과목(진로선택으로 편성된 전문교과 포함), 체육·예술 교과(군)의 일반 선택 과목, 교양 교과(군)의 과목 제외
학교 간 통합 선택교과 (공동 교육과정) 과목	○	○	○	교과 (군)별 3단계 또는 5 단계	○	-	·보통교과 진로선택과목(진로선택으로 편성된 전문교과포함), 체육·예술 교과(군)의 일반 선택 과목, 교양 교과(군)의 과목 제외

진로선택과목 평가기록 예시

학기	교과	과목	단위수	원점수 / 과목평균	성취도	성취도별 분포비율(%)	비고
2	국어 …	실용국어 …	4 …	96/72 …	A(150) …	A(30.2) B(45.3) C(24.5) …	
이수단위 합계							

♦ 석차는 매 학기별로 과목별 지필평가 및 수행평가의 반영 비율 환산점수 합계를 산출한다. 과목별로 동점자가 발생한 경우에는 동점자 모두에게 해당 순위의 최상위 석차를 부여하고 ( ) 안에 동점자 수를 기입한다.

♦ 평가는 지필평가와 수행평가로 나뉜다. 지필평가는 100점 만점으로 한다. 성적 산출의 증빙자료로 성적 처리가 끝난 답안지는

졸업 후 1년 이상 학교에서 보관한다.

◆ 수행평가는 실제 생활에서 보다 의미 있고 유용한 활용 과제를 말한다. 학생이 단순히 답을 선택하는 것이 아니라 학생 스스로 답을 구성하는 것, 산출물이나 작품을 만들어 내는 것, 태도나 가치관을 행동으로 드러내는 것 등을 모두 포함하는 것이다. 수행평가는 학습자가 수행하는 과정을 관찰하거나 관찰한 것을 객관성, 합리성, 타당성, 신뢰성을 기준으로 점수화한다.

◆ '세부 능력 및 특기사항'란에는 과목별 성취기준에 따른 성취수준의 특성 및 학습 활동 참여도 등을 특기할 만한 사항이 있는 과목 및 학생에 대하여 문장으로 입력하고, 방과후학교 수강 내용(강좌명, 이수 시간)을 입력할 수 있다.

◆ 교과 학습발달상황의 '세부 능력 및 특기사항' 및 '특기사항'은 교과 담당교사가 입력한다. 단, 방과후학교 교육 활동은 관련 과목이 개설되지 않은 경우 담임교사가 입력한다.

◆ 교양교과는 과목명 및 이수 단위를 입력하고 '성취도'란과 '석차등급'란에는 'P(pass)'를 각각 입력한다.

◆ 기초교과 중 기본과목(기초수학, 기초영어)은 '성취도'란과 '석차등급'란에는 'P(이수한 수강자 수)'와 'P'를 각각 입력한다.

◆ 정규교육과정의 교과 성취기준에 따라 수업 중 연구보고서(소논문) 작성이 가능한 과목*은 특기할 만한 사항이 있는 과목 및 학생에 대하여 연구보고서(소논문) 실적(제목, 연구 주제 및 참여인원, 소

요시간)을 제외하고 '세부능력 및 특기사항'을 기재할 수 있다.

※ 연구보고서(소논문) 작성 가능 과목: 수학과제 탐구, 사회문제 탐구, 융합과학 탐구, 과학과제 연구, 사회과제 연구

◆ 2024학년도 대입(졸업생 포함)부터 상급학교 진학 시 영재·발명 교육 실적은 제공하지 않는다.

| 학종 대비 유의사항 | 당연하겠지만 교과 학습 발달상황은 학생부종합전형에서 매우 영향력이 큰 요소이다. 남들에 비해 크게 뒤처지지 않는 교과 성적을 얻는 것이 학종 합격 확률을 높이는 가장 좋은 방법이며, 비교과 관리도 기본적으로 내신성적이 일정 수준 이상 갖췄을 때 의미가 있다고 볼 수 있다. 또한 1학년 때 성적이 조금 낮더라도 이후 특정 과목에서라도 상향곡선을 그리는 모습을 보여 주면 학업 노력을 뒷받침한 근거가 될 수 있다.
이와 더불어 과목별로 해당 과목 선생님들이 입력 가능한 세부 능력 및 특기 사항에 자신의 학업 능력과 학업에 대한 열정이나 성실성 등이 구체적으로 드러날 수 있도록 해야 한다. 일부 과목이 공백이거나 일반적인 서술로 한두 줄만 채워진 상황이라면 좋은 평가를 받기 어렵다. |

⑦ 독서 활동상황

학년	과목 또는 영역	독서 활동상황

- 개인별/교과별 독서 활동상황은 독서 활동에 특기할 만한 사항이 있는 학생을 대상으로 학기 말에 입력한다.

- 학생이 읽은 책의 제목과 저자를 교과 담당교사 또는 담임교사가 입력한다.

- 독서활동상황은 독서기록장, 독서 포트폴리오, 독서교육종합지원시스템의 증빙자료를 근거로 입력한다.

- 전체 학년 동안 동일한 책을 '독서활동상황'란에 중복하여 입력하지 않도록 한다.

- 단순 독후활동(감상문 작성 등) 외 교육활동을 전개하였다면, 도서명을 포함하여 그 내용을 다른 영역(교과세특, 창의적 체험활동 등)에 입력할 수 있다.

- 원서와 한국어 번역본을 모두 읽은 경우, 중복하여 입력할 수 없다.

- 2024학년도 대입(졸업생 포함)부터 상급학교 진학 시 '독서활동상황'은 제공하지 않는다.

학종 대비 유의사항	2024학년도 대입(졸업생 포함)부터 독서활동 상황은 반영되지 않는다. 너무 많은 책을 입력하려 노력할 필요는 없지만 학년 당 최소 15권 이상은 읽는 것이 좋다. 또한 책 제목만 입력하는 형태이므로 각 책을 통해 자신의 인성과 학업 능력, 전공 적합성 중 어떤 부분을 부각할 수 있을지 고민해 보는 과정이 필요하다.

⑧ 행동 특성 및 종합의견

◆ 행동 특성 및 종합의견은 수시로 관찰하여 기록된 행동 특성을 바탕으로 총체적으로 학생을 이해할 수 있는 종합의견을 담임교사가 문장으로 입력한다.

◆ 행동 특성 중 학교폭력과 관련된 사항은 가해 학생에 대한 조치 사항을 입력한다.

◆ 학생을 총체적으로 이해할 수 있도록 작성하며, 일종의 추천서 또는 지도자료가 될 수 있도록 작성한다.

◆ 장단점은 사실에 근거하여 입력하되, 단점을 입력하는 경우에는 변화 가능성도 함께 입력한다.

◆ 행동 특성 및 종합의견은 입력 가능 글자 수가 기존 최대 1,000자에서 최대 500자로 줄어들었다.

학종 대비 유의사항	담임교사가 한 해 동안 지도한 학생에 대한 종합의견을 기술하는 것이므로 비교적 영향력이 있다. 따라서 좋은 평가를 위해서는 평소 성실하고 예의 바른 태도로 담임교사와 원만한 관계를 유지해야 한다. 만약 이 항목에 대한 초안 제출을 요구하는 교사가 있다면 성심성의껏 최선을 다해 작성하도록 해야 한다.

02
학년 통합 생기부 작성 법칙

많은 학생과 학부모들이 생기부는 학기별 중간고사와 기말고사 결과에서 나오는 과목별 등급과 선생님이 학생의 생활을 관찰하고 작성하는 것이라 생각한다. 물론 틀린 말은 아니지만 같은 선생님이 작성하더라도 학생마다 분명 다른 점이 드러난다. 어떤 학생은 생기부의 내용이 다양하고 교과 탐구 활동과 진로 탐색 경험이 잘 드러나 있지만, 어떤 학생은 특별히 집중해서 한 활동도 없을 뿐만 아니라 학교생활을 충실히 하지 않은 듯한 느낌이 들기도 한다.

이런 차이가 나는 이유에 대해 학생과 학부모들에게 물어보면 대부분 "학교 성적이 상위권인 학생들은 분명 선생님이 신경 써서 작성해 줬을 것이고, 하위권인 학생들은 어차피 선생님이 성실히 작성해

줘도 의미가 없으니 이런 결과가 나오는 게 아닐까요?"라고 말한다. 물론 많은 학생들의 생기부를 챙기다 보면 열심히 노력해도 어느 학생에게는 선생님이 제대로 작성해 주지 않았다는 말을 듣기도 하지만 그런 경우는 극히 드물다.

학교 선생님들 대부분은 학생이 노력하는 모습을 보이면 그 부분을 작성해 주려 노력한다. 뿐만 아니라 학생이 진로에 대해 상담하면 그 부분에 대해 어떤 활동을 어떻게 해야 하는지 조언해 주는 경우가 많다.

즉 생기부의 내용은 선생님이 작성하는 것이 맞지만 그 내용을 채워나가는 것은 학생의 몫이라 할 수 있다. 많은 경험과 노력이 보이는 생기부는 선생님의 역량이 아니라 바로 학생 스스로 얼마나 노력했는지에 따라 달라진다는 것이다.

그렇다면 어떻게 어떤 노력을 해야 만족스러운 생기부가 작성될 수 있을까?

법칙 1
진로 활동만 집중하는 것이
정답은 아니다

1학년 때부터 자신의 진로를 확정 짓는 학생들이 있다. 물론 학년이 올라가면서 바뀔 수도 있지만 자신이 세운 진로 목표를 위해 최선을 다하고자 하는 학생이 있는 반면 자신의 진로 목표를 고민해 보지 않았거나, 어떤 진로를 선택해야 할지 쉽게 결정하지 못하는 학생도 있다.

"저는 의사가 되고자 하는 목표를 가지고 있어요. 그래서 학교에서 진행하는 동아리를 의학 쪽에 집중해서 경험하고자 합니다. 그런데 문제는 봉사 활동이 의학 쪽과 연관된 활동이 없어서 고민이에요. 의사가 되고자 하는 목표를 명확히 보여 주고 싶은데 어떤 봉사 활동을 하면 좋을까요?"

"저는 아직 진로를 결정하지 못했어요. 그래서 다른 친구들이 선택하고 남은 동아리를 선택하게 되었어요. 사실 조금 불안하긴 해요. 다들 자신이 목표로 한 진로에 맞춰 활동한다고 하는데 저는 어떤 활동을 해야 하는지도 모르겠고, 생기부에 진로를 명확히 보여 주는 것이 중요하다고 하는데 어떻게 해야 할까요?"

이런 질문은 1학년뿐만 아니라 2학년 학생들도 자주 물어보는 질문이다. 심지어 3학년 학기 초에도 이런 질문을 하는 경우가 종종 있다. 학생들이 어떤 활동을 어떻게 해야 하는지에 대해 방향을 제대로 잡지 못하고 있는 경우가 생각보다 많다는 걸 알 수 있는 것이다. 바로 '교과 활동'과 '진로 탐색 활동'이다.

교과 활동은 학교에서 학습하는 교과 내용을 중심으로 진행되는 활동을 말하고, 진로 탐색 활동은 내가 희망하는 진로를 탐색하는 활동을 말한다. 위의 의사가 되고자 하는 학생은 진로 탐색 활동에 집중하려는 모습을 보이는 경우고, 두 번째 학생은 교과 활동과 진로 탐색 활동 모두 선택하지 못한 경우라 할 수 있다. 그런데 두 학생 모두 잘못된 활동을 하고 있다.

대학교에서 말하는 적극적인 활동은 특정 활동에 집중하는 것뿐만 아니라 학생으로서 경험할 수 있는 다양한 경험을 하라는 것이다. 즉 교과 활동과 진로 탐색 활동 모두 골고루 하는 것이 대학 입시에 더 유리한 활동 경험이라 할 수 있다.

전공과 연관성이 높은 활동을 하는 것은 분명 자신이 원하는 목표에 대해 집중하려는 의지가 높다는 것을 확인할 수 있습니다. 하지만 저희 학교가 원하는 학생은 특정 영역에만 집중하는 것이 아니라 다양한 경험을 한 학생을 원합니다. 고등학교 생활을 적극적으로 하는 경우 다양한 경험을 할 수 있습니다. 학과 전공과 연관

성이 없는 활동이라도 분명 학생의 성장에 있어 의미 있는 경험이
될 수 있습니다.

_연세대학교 입학사정관의 설명 중

진로 탐색에만 집중하는 것보다 교과 활동을 병행하는 것이 중요
하다. 전공과 연관성이 높은 활동에만 집중하다 보면 분명 다양한 경험
을 한 학생을 원하는 대학교에서는 약점으로 보일 수밖에 없다. 진로를
결정하지 못한 경우에는 진로를 탐색하려 적극적으로 노력하는 모습
을 보이는 게 가장 중요하다. 따라서 독서나 토론, 또는 사회문제들을
조사하고 분석하는, 교과목과 연관성이 높은 실험이나 탐구 과정을 해
나가는 등 가능한 다양한 활동을 하는 것이 좋다. 적극적으로 활동하면
서 자신의 진로를 탐색해 내는 과정이 바로 입학사정관이 원하는 학교
활동이라 할 수 있다.

1학년 때 활동 중 가장 중요한 것은 바로 다양한 경험을 통해 생각
의 폭을 넓혀나가고 진로에 대해 고민해 가는 과정이다. 2학년은 1학
년의 다양한 경험들을 바탕으로 자신이 희망하는 진로를 결정하고 그
에 맞는 심화 활동을 하는 것이 좋다. 물론 이런 활동 외에 교과 학습과
관련된 활동도 병행해야 한다. 3학년은 자신의 진로에 맞춰 학과 전공
을 선택하고, 그에 맞춰 심화 탐구 활동을 해야 한다. 전공과 연관성을
높이는 활동에 집중하는 것이 중요하다.

법칙 2
심화 활동을
능동적으로 진행해야 한다

　학생부종합전형 설명회에 참석해서 입시 전문가의 설명을 듣다 보면 '심화 활동'에 집중하라는 얘기를 자주 들을 수 있을 것이다. 그럼 심화 활동이란 무엇일까?

　고등학교 활동은 교과 활동과 진로 탐색 활동으로 나눠져 있지만 진로 활동을 비교과 활동이라고 표현하는 경우도 많다. 교과 과목과 연관성이 없는 영역을 진로 활동 또는 비교과 활동이라고 지칭하는 것이다. 교과 활동에서의 심화 활동은 학교 수업시간에 배운 내용에 대해 의문을 가지고 추가로 자료를 조사하거나 책을 읽는 활동, 또는 친구들과 같이 자료를 조사하고 탐구 활동을 진행하는 경우를 말한다.

　학교에서의 학습은 대부분 '시험'에 맞춰 진행된다. 그렇기 때문에 암기나 문제 풀이 중심으로 이어지는 학습 과정에서 시험과는 크게 연관성이 없지만 스스로 고민을 해결하기 위해 노력하는 과정은 분명 학문 탐구의 의지가 얼마나 높은지 보여 줄 수 있는 좋은 사례라 할 수 있다. 따라서 자신이 좋아하는 과목은 그 과목이 자신의 진로와는 크게 연관성이 없다고 하더라도 탐구 활동을 진행하는 것이 좋다. 교과 탐구 활동은 수업 내에서의 활동도 포함될 수 있다. 학교 수업에서 스스로 주제를 선정해서 발표하는 경우가 종종 있는데 이 또한 교과 심화 활동이라 할 수 있다.

자신이 좋아하거나 잘하는 과목이 아닌 과목에서도 교과 심화 활동은 큰 의미가 있다. 자신 없는 과목을 보완하기 위해 스스로 문제를 해결하고 고민하며 탐구 활동을 진행했던 경험은 자신의 부족한 학습을 보완하기 위해 적극적으로 노력하는 모습으로 보이기 때문이다. 그래서 학년에 상관없이 교과 심화 활동을 진행하는 것은 매우 중요하다. 교과 심화 활동은 대부분 '세부 능력 및 특기사항' 항목에 작성된다. 따라서 교과 담당 선생님과 학습 진행 과정을 공유하고 결과물을 제출하는 것 또한 잊지 말아야 한다. 노력했던 과정과 그 결과물을 생기부에 기록하지 못하면 그 활동은 하지 않은 것이나 마찬가지기 때문이다. 따라서 반드시 교과 선생님과 상의한 후 진행하도록 한다.

진로 탐색 활동(비교과 활동)에서의 심화 활동은 진로 탐색 경험을 한 후 자신이 추가로 의문을 가지고 진행한 활동을 말한다. 동아리 활동이나 진로 탐구 활동, 특강, 독서 토론 활동 등 다양한 활동을 진행하는 과정에서 추가로 의문을 갖는 경우가 종종 있을 것이다. 하지만 의문을 가지고 자료를 조사하거나 추가 활동을 하는 학생들은 많지 않다. 그렇기 때문에 생기부에 기록되는 활동 사항들은 연관성 없이 끊어지는 경우가 많다. 자신이 경험한 활동 중에서 어떤 의문점이 들었다면 반드시 그 의문점을 해결하기 위한 추가 활동을 하는 것이 필요하다. 이런 활동이 바로 진로 심화 활동이다. 진로 심화 활동은 대부분 혼자가 아닌 그룹으로 하는 경우가 많다. 특히 동아리나 자율 활동을 통해 진행되는 경우가 대부분인데 개인적으로 활동하는 경우도 있을 수 있다. 그럴 때면 반드시 결과 보고서 또는 탐구 활동 보고서를 제출해야 하며, 담당 선생님과 상의한 후 진행해야 생기부에 기록될 가능성이 크다. 진로 심화 활동 역시 '창의적 체험 활동'이나 '세부 능력 및 특기사항'에 기록된다.

법칙 3
자율 활동은
아무거나 쓰라는 게 아니다

생기부의 창의적 체험 활동 영역을 보면 '자율 활동' 영역이란 것이 있다. 많은 학생과 학부모들은 이 영역을 자신이 원하는 활동을 기록하는 곳이라고 생각하는 경우가 많다. 물론 틀린 말은 아니지만 자율 활동의 세부 내용은 학교에서 진행했던 활동을 중심으로 자신이 경험한 내용에서 배우고 느낀 점을 기록해야 한다. 특히 자율 활동은 학교에서 했던 공식 활동을 중심으로 기록하는 경우가 많기 때문에 대부분 비슷한 내용으로 작성된다. 따라서 이런 경우 선생님과 상의해서 학생 스스로 자신이 활동했던 경험에서 배우고 느낀 점을 정확히 정리해서 제출하는 것이 좋다.

자율 활동란에 쓰는 활동은 크게 진로 활동, 봉사 활동, 리더십 활동, 의무 교육 등이 있다.

진로 활동은 학교에서 진로 탐색이라는 주제로 자신의 진로를 탐색하는 과정을 말한다. 멘토 활동을 통해 자신의 진로를 탐색할 수도 있고, 자신의 진로 탐색을 위해 글쓰기나 발표 등을 할 수도 있다. 물론 학교마다 여러 활동을 진행한다.

봉사 활동은 외부 활동이 아닌 학교 수업시간에 진행한 기부 활동이나 봉사의 의미를 배우는 과정을 말한다. 이 또한 학교마다 다르게 진행되며, '인성' 영역을 관장하는 교육이라 볼 수 있다. 봉사와 나눔이라는 과정을 통해 자신이 배우고 느낀 점을 중점적으로 활동 내용을 기록하는 것이 좋다.

리더십 활동은 선거 활동이나 임원 활동을 했던 경험을 말한다. 또는 학교에서 진행한 리더십 캠프 경험이 있다면 자율 활동란에 작성하면 된다. 리더십 활동도 활동 내용만 작성할 것이 아니라 리더십 활동을 통해 무엇을 배우고 느꼈는지를 구체적으로 작성하는 것이 좋다.

의무 교육은 고등학생이라면 누구나 들어야 할 교육 활동을 말한다. 재난 대응 안전훈련이나 금연 교육 등이 대표적 활동이라 할 수 있다. 사실 이 활동에 큰 의미를 두지 않는 학생들이 많다. 하지만 보건이나 의료 쪽 진로를 희망하는 학생이라면 이러한 활동을 통해 배우고 느낀 점을 자세히 적어 제출하거나 추가 활동을 통해 경험한 내용을 제출한다면 좀 더 유리한 생기부를 작성할 수 있을 것이다.

　자율 활동은 대부분 단체 활동으로 진행된다. 그래서 작성되는 내용이 추상적인 경우가 많다. 자사고나 특목고는 일반고에 비해 다양하고 전문적인 활동을 진행하기에 개인적인 특성을 강조할 수 있는 기회가 많지만, 일반고는 자신의 특징을 보여 줄 수 있는 활동이나 내용이 한정적인 경우가 많다. 그렇기 때문에 학교에서 진행하는 활동을 통해 추가 활동 계획을 세운 후 담임 선생님과 진행 방향을 의논하는 것도 자신의 적극성을 보여 줄 좋은 기회가 될 수 있다. 자사고나 특목고와 달리 다양한 경험을 해 볼 기회가 적기 때문에 적극적으로 탐구 활동을 진행한 사례들은 분명 대학교의 입학사정관에게 의미 있는 경험으로 보일 것이다.

법칙 4
동아리 활동은
메인과 서브로 나눠라

　자신의 진로 탐구 활동을 보여 줄 수 있는 가장 좋은 활동이 무엇이냐는 질문을 받는다면 많은 입시 전문가들은 공통적으로 '동아리 활동'이라고 할 것이다. 그만큼 학교나 학생들은 동아리 활동에 대해 관심이 많고 적극적으로 활동하려는 의지 또한 충만하다. 하지만 무작정 열심히 한다고 해서 입시에 유리한 것은 아니다. 자신의 특성에 맞는 동아리를 선택하고 그에 집중하는 것이 무엇보다 중요하다. 뿐만 아니라 동아리 활동은 2개 이상 참여할 경우가 많기 때문에 신중히 결정하고 접근하는 것이 중요하다.

동아리 활동은 크게 중앙동아리 활동과 자율동아리 활동으로 나뉜다. 중앙동아리 활동은 의무적으로 진행해야 하며, 선배들과 같이 활동하게 된다. 학년에 따라 활동 범위가 크게 다른데 1학년 때는 주로 선배들이 계획해 놓은 내용에 참여하는 방식으로 진행된다. 그래서 다양한 활동을 적극적으로 활동하면서 의미를 찾아가는 것이 중요하다. 2학년인 경우에는 1학년 때의 경험을 바탕으로 활동을 주도적으로 계획하고 후배들을 이끌어 주는 역할을 한다. 따라서 적극적으로 참여하는 것도 중요하지만 문제점을 보완하면서 모두가 만족하는 결과를 얻기 위한 리더십 활동 또한 중요하다. 또한 후배들이 동아리 활동을 잘할 수 있도록 가르쳐야 하는 책임도 있다. 3학년이 적극적으로 동아리 활동을 하는 경우는 극히 드물다. 후배들이 활동하는 데 있어 문제점이 있을 경우 조언해 주는 역할 정도만 하며, 운영에는 적극적으로 참여하지 않는다.

중앙동아리는 대부분 적극적으로 활동하는 메인 동아리라 할 수 있다. 많은 학생들이 2년 동안 꾸준히 활동해야 하기 때문이다. 물론 진로 결정에 변화가 있을 경우 동아리를 변경하는 경우도 있지만 대부분 그대로 활동하는 경우가 많다. 2년 동안 적극적으로 활동해야 하는 만큼 생기부에 작성될 내용을 깊이 고민해 보고 활동하는 것이 필요하다. 자칫 잘못하면 1학년 때와 2학년 때의 활동 내용이 비슷해질 수 있기 때문이다. 1학년 때는 활동 사례를 통해 자신의 생각과 행동의 변화를 중심으로 작성해야 한다면, 2학년 때는 활동 사례보다는 문제점을 보완하거나 발전시켜 나간 사례를 통해 자기 생각과 가치관이 어떻게 변화되었는지 드러내는 것이 중요하다.

자율동아리는 학교에서 지정한 동아리와 자체적으로 개설한 동아리로 나뉜다. 자신이 하고 싶은 활동을 적극적으로 진행할 기회를 제공하고자 만들어진 기회이기에 어떤 동아리 활동을 할 것인가를 깊이 고민한 후 결정하는 것이 좋다.

자율동아리 활동으로 가장 많이 하는 활동이 바로 진로 탐구 활동이다. 자신의 진로와 연관성이 높은 활동을 하기 위해 진로가 비슷한 친구들과 동아리를 개설하는 경우가 많다. 진로와 연관성이 높은 활동을 진행하기 때문에 생기부에 자신의 진로에 대한 적극적인 활동 결과를 보여 줄 수 있다는 장점이 있다. 그렇기 때문에 학교에서도 자율동아리를 의무적으로 진행시키는 경우가 많다. 하지만 같은 학년끼리 활동하는 경우가 많아 자칫 잘못하면 마무리를 제대로 하지 못해 생기부 기록이 어려운 상황이 발생할 수도 있으니 적극적으로 활동 계획을 세워 진행하는 것이 중요하다. 또한 처음부터 어떤 결과물을 만들 것인지에 대해 깊이 고민한 후 진행할 필요가 있다.

자율동아리 활동은 진로 탐구 활동 외에도 교과 심화 활동으로 진행하기도 한다. 자신이 수업에서 배운 내용을 좀 더 깊이 있게 탐구하려는 의지를 가지고 친구들과 적극적으로 활동하는 경우라 할 수 있다. 이때는 문제 풀이나 암기 같은 공부가 아닌 학교에서 배운 내용을 응용해 보는 방법 등으로 자율동아리 활동을 진행하는 것이 좋다. 자신이 부족한 과목을 보완하는 과정을 생기부에서 보여 줄 좋은 사례를 만들 수 있다는 장점이 있을 뿐만 아니라 서로 도와가며 학업 탐구를 하는 모습을 통해 협동 학습 사례를 생기부에 기록할 수 있다는 장점 또한 있다. 하지만 개인별 학업 수준 차이로 인해 처음 생각했던 방향대로 진행하는 것이 어려울 수 있다. 또한 동아리 활동을 하기 위한 물품들을 직접 구매해야 하기 때문에 비용 부담이 생길 수도 있으니 꼼꼼히 확인한 후 시작하는 것이 필요하다.

이처럼 동아리 활동은 선택의 폭이 다양하다. 하지만 친구 따라 동아리를 가입한다거나 자신의 의지와는 다른 동아리를 가입하게 되는 경우도 종종 있기 때문에 처음부터 어떤 방향으로 활동을 진행할 것인가를 깊이 고민해 봐야 한다. 동아리 활동은 동아리 담당 선생님이 계시기 때문에 활동을 진행하면서 반드시 담당 선생님과 자신이 할 활동에 대해 상의한 후 진행해야 하며, 생기부 기록 내용에 대해서도 꾸준히 논의하면서 활동을 진행하는 것이 중요하다. 같은 활동을 했어도 생기부 기록 내용은 조금씩 달라질 수밖에 없다. 자신의 목표한 대로 작성하기 위해서는 모든 활동 내용을 선생님이 알 수 있도록 해야 한다.

법칙 5
진로 활동은 활동 자체보다
의미 부여가 더 중요하다

어떤 활동을 해야 자신의 진로 탐색이 더욱 부각되어 보일까? 사실 많은 학생들이 활동을 진행하기 전에 가장 많이 물어보는 질문이다.

"저는 생명공학자가 되어 신약 개발 연구원이 되고 싶은데, 학교에서 진행하는 생명 동아리는 실험만 하고 토론은 거의 하지 않거든요. 생명 동아리를 계속 이어가야 할까요?"

"저는 공유 경제학자가 되고 싶어서 경제학 동아리 활동과 시사 토론 동아리 활동을 진행하려 하는데요, 이 활동만 하면 제가 진로에 대해 노력했던 과정이 제대로 보여질 수 있을까요?"

어떤 활동을 하느냐에 따라 대학 입시 평가가 달라질 수 있다고 생각하는 경우가 많다. 생명 공학 쪽을 희망하면 당연히 생명 관련 동아리 활동을 해야 한다는 생각, 경제학자가 되기 위해서는 당연히 경제 관련 동아리 활동을 해야 한다는 생각이 틀렸다는 것이 아니다. 아니 그런 활동을 하는 것이 옳은 활동이라 할 수 있다. 하지만 자신의 진로에 맞게 활동하는 것보다 더 중요한 것은 바로 '자신이 그 활동을 하게 된 이유와 활동 후 자신이 배운 것이 무엇이냐'라는 것이다. 어떤 활동이라도 적극적으로 활동하게 되면 그 활동을 통해 자연스럽게 성장하게 된다. 입학사정관들은 활동의 구체적인 내용보다 활동 후 변화된 학생의 모습을 보고 싶어 한다.

활동 후 배우고 느낀 점은 학생마다 다를 수밖에 없다. 이 부분을 생기부에 어떻게 드러내느냐가 중요하다. 자신이 진로와 연관된 활동을 진행했다면 반드시 별도로 기록해 놓고 자료를 보관하는 습관을 들여라. 활동 당시에는 생생히 기억하지만 시간이 흐를수록 기억이 흐릿해지기 때문이다. 그리고 선생님과 생기부 작성에 대해 상담할 때는 그런 기억이 다 사라지고 난 다음일 테니 노트에 꼼꼼히 기록해 놓아야 한다. 특히 활동을 하면서 느꼈던 점을 꼼꼼하게 작성해 놓는다면 큰 도움이 될 것이다.

진로 활동을 하면서 또 한 가지 꼭 해야 할 것이 바로 '내가 이 활동을 왜 하느냐?'라는 질문에 대한 답변을 할 수 있어야 한다는 것이다. 아무 의미 없는 활동이 아닌 뚜렷한 목표를 가지고 활동하는 것은 매우 중요하다. 우리는 이를 '의미부여'라고 한다. 자신이 진행하는 활동에 의미부여는 자신만이 할 수 있다. 이 활동을 하게 된 이유는 학생마다 모두 다 다를 것이다. 어쨌든 그 이유에 대해 깊이 고민하고 진행해야 한다. 진로 계획에 따른 적극적인 활동과 활동 이후 자신에게 어떤 변화가 있었는지를 표현하는 것! 이것이 바로 의미부여다.

법칙 6
봉사 활동은
시간보다 자발성과 꾸준함을 본다

"선생님 봉사는 몇 시간 해야 하나요?"

"진로에 맞는 봉사 활동을 해야 제가 한 봉사가 더 인정받을 수 있나요?"

"기숙사 생활을 해서 외부 봉사 활동하는 것이 불가능한데요. 입시에서 불이익을 받게 될까요?"

봉사 활동은 나눔과 배려를 실천할 수 있는 가장 좋은 경험이라 할 수 있다. 그리고 올바른 사회 구성원으로 성장하기 위해 반드시 필요한 과정이다. 그렇기 때문에 대학교 입시에서도 봉사 활동에 대해 자주 언급하는 것이다. 그만큼 대학교에서 자주 언급하는 내용이기 때문에 많은 학생과 학부모들은 봉사에 대한 고민이 깊어질 수밖에 없다. 봉사 활동에서 중요한 것은 세 가지로 요약할 수 있다.

첫째, 봉사 자체에 의미를 두어야 한다. 우리가 봉사 활동, 즉 나눔을 실천하게 되면 그 활동 자체만으로도 많은 것을 배우고 느낄 수 있다. 타인을 도와줌으로 인해 나 또한 기분이 좋았던 경험, 작은 도움이 상대방에게는 큰 의미가 있다는 생각 등 다양한 활동을 통해 성장의 기회를 얻을 수 있다. 바로 이 점에 집중해야 한다. 봉사는 봉사 활동을 진행하는 것 자체만으로도 큰 의미가 있기 때문에 복잡하게 생각할 필요가 없다. 봉사 활동을 하면서 다른 의미를 찾으려고 해서 생각이 복잡해지는 것이다.

둘째, 전공과 연관성이 높은 활동만이 유리한 것은 아니다. 많은 학생들이 자신의 진로와 연관성이 높은 봉사 활동만 하려고 한다. 미술 쪽을 전공하려는 학생들은 미술 봉사 활동을 하고 싶어 하고, 교사가 되겠다는 진로 목표를 세운 학생들은 교육 봉사 활동을 하고 싶어 한다. 물론 진로에 맞는 활동을 함으로써 진로 탐구 활동에 도움을 받을 수 있긴 하다. 하지만 이런 경험은 봉사가 아닌 다른 분야에서도 경험할 수 있기 때문에 꼭 봉사 활동을 통해 진로 탐구를 할 필요는 없다.

"봉사 활동은 학생이라면 누구나 경험해야 할 과정이라 할 수 있습니다. 하지만 봉사 활동이 진로와 연관성이 높다고 해서 가산점을 주거나 유리하게 평가하지는 않습니다. 저희가 중요하게 평가하는 기준은 자신이 타인을 위해 나눔을 실천하고 있는지와 이런 경험을 통해 얼마큼 성장하게 되었느냐입니다."

_고려대학교 입학사정관의 설명 중

셋째, 봉사 시간에 집착하지 말아야 한다. 보통 봉사 활동에서 가장 중요하게 생각하는 것은 아마도 시간일 것이다. 많은 사람들이 봉사 시간이 많을수록 더 좋은 평가를 받을 수 있을 것이라고 생각한다. 물론 봉사 활동을 꾸준히, 열심히 진행한 학생은 인성 면에서 좋은 평가를 받을 수 있다. 하지만 이런 평가가 합격에 절대적인 영향력을 행사하는 것은 아니다. 얼마나 오래 봉사 활동을 했는지보다 얼마나 꾸준히 활동했는지가 더 중요하다. 어떤 봉사 활동을 하기 시작했다면 그 활동을 꾸준히 이어가면서 그 안에서 다양한 경험을 하는 것이 더 중요하다는 것이다. 많은 시간을 투자해 봉사했다는 것보다 꾸준히 성실하게 한 것이 봉사에 있어서는 더 중요하지 않을까?

03
학년별 핵심 전략

고1
적극적인 진로 탐색,
교과 지식 관리 및 교과 심화 활동

▶ 처음에는 적극적으로 활동하지만 시간이 흐를수록 의욕은
사라진다

"처음 학교에 입학해서 가장 놀랬던 것은 친구들의 너무 적극적
인 모습이었어요. 중학교 때는 선생님이 강제로 시켜도 하는 척만

하던 친구들이 갑자기 얘기하기도 전에 선생님께 건의하고 이런 저런 활동하는 모습을 보면서 저 또한 적극적으로 나서야겠다는 생각을 하게 되었어요. 문제는 이렇게 적극적으로 활동해 본 경험이 없어서 얼마나 많은 시간을 할애해야 할지 모른다는 거예요. 요즘은 제가 너무 동아리 발표 준비만 하다 보니 정작 학교 수업 후 복습하는 시간이 없어서 불안하거든요. 내신이 조금 안 좋더라도 적극적인 학내 활동을 통해 결과물이 잘 나오면 대학에서도 인정해 줄까요?"

1학년 학기 초 분위기를 보면 긴장감이 감돌 정도로 학생들이 서로 눈치를 보는 경우가 많다. 이제 고등학생이고 주변에서 좋은 대학에 가기 위해서는 1학년 때부터 적극적으로 활동해야 한다는 말을 들어왔기 때문에 남들보다 더 적극적으로 나서는 모습을 선생님께 보이고 싶은 것이다.

뿐만 아니라 경쟁의식도 강해진다. 내신이라는 것은 점수보단 등수가 중요하기 때문에 나보다 더 공부를 열심히 하는 학생을 주시하고 경계하게 된다. 물론 이런 모습보다 자신에게 맞는 동아리를 선택하고 선배와의 만남을 통해 중학교 때와는 다른 문화를 경험하면서 즐기는 모습이었으면 한다. 하지만 내가 3월에 만난 대부분의 고1 학생들은 겉으로 보는 것과 달리 불안감에 떠는 긴장된 모습이었다.

물론 이런 분위기는 3월이 지나면서 대부분 조금씩 사라지게 된다.

매일매일 긴장감 속에서 생활하는 것은 불가능하다. 학교생활에 적극적으로 나서는 의지를 보였던 학생들은 시간이 지날수록 점점 지치기도 하고, 다양한 활동을 할 시간이 부족해지기도 하므로 포기하는 경우가 종종 발생한다. 또한 본격적으로 수행 준비나 내신 준비를 시작하면서 시험에 대한 불안감으로 인해 교내 활동의 제약이 심해진다. 결국 처음 보여 주었던 적극적인 모습은 한 달 만에 끝나는 경우가 많다.

1학년이 시작됐을 때 가장 경계해야 할 것은 자신의 상황에 맞지 않게 경쟁심리만으로 활동하는 것이다. 처음에는 잘 모르고 시작한 교내 활동이 나중에는 공부까지 방해하는 사태로 번질지도 모르기 때문이다. 그래서 결국 만족스러운 1학년 생활이 아니라 결과는 아무것도 없는 아쉬움만 가득한 1학년 생활이 될 수 있다. 따라서 고1 초부터 어떤 활동을 어떻게 진행할지 충분히 고민한 후 활동하는 것이 필요하다.

고1 성공적인 입시를 위한 TIP

- 교과 학습 시간을 확보한 후 활동 계획을 수립하라.
- 친구의 활동 모습을 보면서 경쟁적으로 동아리 활동을 선택하지 마라.
- 적극적인 모습을 보여주는 것은 중요하다. 하지만 선택과 집중을 하는 것이 더 중요하다.

▶ 자신이 어떤 방향으로 적극성을 보일지에 대해 고민을 시작하는 시기다

1년 동안 교과와 비교과 과정에서 한 활동은 생기부에 모두 기록된다. 생기부는 고2 개학 후 확인할 수 있다. 기록된 내용을 꼼꼼히 읽다 보면 다른 친구들과 모두 비슷비슷한 내용뿐 자신만의 특징이 보이지 않는 경우가 많다.

> "선생님 저는 1학년 때 정말 적극적으로 다양한 활동을 했는데 노력에 비해 보여지는 게 너무 적어서 속상합니다. 선생님께서 제가 노력한 과정들을 분명 잘 알고 계실 텐데 이렇게 써주신 건 정말 너무한 것 같아요. 2학년 때는 좀 더 적극적으로 활동할 필요가 없을 것 같아요."

위의 학생처럼 자신이 노력했던 것에 비해 생기부에 작성된 결과가 별것 없어 보여 고민하는 학생들이 점점 많아지고 있다. 특히 생기부 작성 시 글자 수가 예전에 비해 대폭 줄어들었기 때문에 더욱 그렇게 보일 수 있다. 과연 명문대에 합격한 학생들은 1학년 때 어떤 활동을 어떻게 했을까?

첫째, 많은 활동을 하는 것이 중요한 게 아니라 2~4개의 활동을 적극

적으로 하면서 의미 있는 결과를 내는 것에 집중하였다. 생기부 활동 내용을 학교별로 분석해 보면 자사고나 특목고의 경우에는 일반고에 비해 훨씬 더 다양하고, 심화 활동 경험도 풍부하다. 1학년 때 자율동아리 활동을 4개 한 경우도 있고, 학교 수업에서 자신이 진행한 탐구 활동을 주제로 발표한 횟수가 매주 1~3회씩 있는 경우도 있다.

그러나 일반고는 자사고나 특목고에 비해 전문적이지 않고, 심화 활동을 할 기회도 적다. 흔히 우리가 볼 때 자사고나 특목고가 학생부종합전형에 유리할 것이라고 생각하는 이유가 바로 이것 때문이다. 하지만 일반고 학생들도 분명 수시로 명문대에 진학하고 있으며, 다양한 심화 활동을 한 자사고나 특목고 학생들이 불합격하는 사례 또한 무수히 많다. 그 이유는 무엇일까?

바로 어떤 목적으로 활동했는지가 보여야 하는데 주변에서 시키는 활동만 하거나 뚜렷한 목표나 동기 없이 활동했기 때문이다. 얼마나 많은 활동을 했는지가 중요한 것이 아니라 자신이 어떤 목적을 가지고 활동했는지를 보여 줘야 한다. 그래야 그 활동을 인정받을 수 있다. 따라서 1학년 때는 많은 활동을 하는 것보다는 몇몇 활동이라도 적극적으로 활동하는 것이 중요하다. 활동은 동아리 활동뿐만 아니라 봉사나 학교 수업 내 활동도 포함된다. 중요하게 보여야 할 활동은 깊이 있는 탐구 과정이 확연히 드러날 수 있게 해야 한다. 그래야 다른 학생과의 변별성이 생긴다.

둘째, 강조하고 싶은 것과 연관된 활동에 더 많은 시간을 투자하였다.

진로와의 연관성이 높은 활동이나 수업에서 배운 내용을 바탕으로 의문을 가지고 탐구 활동을 하는 교과 심화 활동이라면 중요하게 보이고 싶은 활동에 더 많은 시간을 투자할 필요가 있다. 시간을 투자한다는 것은 심화 탐구 활동을 위한 준비를 더 많이 해야 한다는 뜻이다. 명문대에 합격한 학생들의 생기부를 분석해 보면 자신의 진로나 학업에 열정을 보여 줄 수 있는 활동에 집중하는 모습이 보인다. 수학에 관심이 많은 학생들은 자신이 현재 배우고 있는 수학 이론을 바탕으로 실생활에 적용된 사례들을 조사해 보고 적용하는 과정을 적극적으로 진행하면서 활동이 끝난 이후에도 추가 활동을 통해 더욱더 깊은 지식을 탐구하는 과정이 보인다.

셋째, 학교 행사를 적극적으로 활용하였다. 명문대에 합격한 학생들은 막연히 다양한 활동을 했을 것이라 생각한다. 특히 학교 대표로 선발되어 외부 활동을 다양하게 한 것이 인정받아 가산점을 받았을 것이라 생각하는데 잘못된 생각이고 소문에 불과하다. 명문대에 합격한 학생들은 오히려 학교에서 진행하는 활동에 적극적으로 참여하면서 학업과 진로를 위한 활동에 집중하는 경우가 더 많다. 특히 음악이나 체육 활동도 적극적으로 참여하면서 다양하게 경험했음을 알 수 있다. 외부 활동에 적극적으로 활동했다고 해서 모든 활동이 생기부에 기록되는 것은 아니다. 학교장이 승인한 활동만 기록되고 나머지는 기록되지 않기 때문이다. 따라서 학교 내 활동에 집중하는 것이 입시에 더 유리하다.

- 학교 내 활동에 집중하라.
- 자신이 강조하고 싶은 것이 무엇인지 깊이 고민하라.
- 의미 없는 다양한 활동은 입시에 도움이 되지 않는다.

▶ 다양한 경험을 통해 자신이 노력하고 있다는 것을 보여 주는 것이 중요하다

"선생님 저는 심리학자가 되고 싶다는 명확한 꿈이 있어요. 그런데 굳이 제 꿈과 연관성 없는 과목을 공부하거나 활동하는 건 오히려 시간 낭비 아닐까요? 오히려 제가 하고 싶은 전공과 연관성 있는 활동을 더욱 심도 있게 하는 것이 입시에 유리하지 않을까요? 그래서 저는 학교에서 진행하는 활동 중에서 심리학과 연관성이 높은 활동만 할 생각입니다. 그게 더 입시에 유리할 거라 생각해요."

1학년 때 자신의 진로를 명확하게 정했다 할지라도 자신의 진로에 맞는 활동만 하는 것은 좋은 전략이라 할 수 없다. 어차피 2학년 3학년으로 올라갈수록 자신의 진로와 대학 전공에 맞는 활동을 주로 하게 되는 상황에서 1학년 때까지 진로에 맞는 활동만 할 필요는 없다. 오히려 다양한 경험을 했다는 것이 생기부에 드러나는 것이 좋다. 1학년 때는 자기가 좋아하는 과목에만 집중하는 것보단 다양한 과목에서 노력하는 모습이 더 좋아 보인다. 활동 또한 마찬가지다. 자신의 진로에 맞는 활동에만 집중할 게 아니라 진로와 연관성 없는 봉사 활동이나 음악, 체육 활동 경험을 통해 협동이나 봉사의 의미를 깨달아 가는 과정 또한 입시에서는 매우 중요하다.

다양한 경험을 하는 것은 단순히 생기부에 더 많은 것을 기록하기 위함이 아니다. 경험은 자기 생각과 행동에 영향을 미친다. 자신이 학교 내에서 친구들과 협업했던 과정이나 협동 학습의 경험, 남을 위한 봉사 활동을 통해 깨달은 문제점과 생각의 변화 등을 통해 성장해 나갈 수 있기 때문이다. 따라서 자신의 성장을 위해서라도 다양한 교내 활동을 적극적으로 하는 것이 필요하다. 대학교의 입학사정관도 이런 부분을 중요하게 생각한다. 특정 주제에만 몰입하는 것이 아닌 다양한 경험을 통해 참여와 적극성을 보이는 것 바로 이것이 1학년 때 활동의 핵심이라 할 수 있다.

고1 성공적인 입시를 위한 TIP

- 진로나 교과 활동 외 교내 활동에도 적극적으로 참여하는 모습을 보여라.
- 인성을 보여 줄 수 있는 활동도 병행하라.

▶ 진로 활동의 적극성을 보여 주는 것도 중요하지만 가장 중요한 것은 학업 성취도다

"저는 내신을 높이는 공부보다 제 꿈을 위해 활동하거나 공부하는 게 더 좋아요. 그래서 자연스럽게 학교 공부보다는 제가 하고 싶은 부분에 더 집중하게 되는 것 같아요. 주변에서 교과 학습을 소홀히 하면 아무리 전문적인 활동을 하더라도 합격하기 어렵다고 하는데 정말인가요? 혹시 저처럼 앞으로의 진로에 집중했던 학생들이 합격한 사례는 없을까요?"

자신의 진로 활동을 위해 노력하는 것은 매우 중요하다. 진로가 명확하지 않은 학생들은 보다 더 적극적으로 고민하고 다양한 경험을 해보는 것이 학생부종합전형에서 원하는 학교 활동이다. 하지만 고등학생으로서의 본분을 유지한 상태에서 이런 것을 얼마나 잘 병행했느냐가 더 중요하다.

즉 학교에서 진행하는 교과 학습을 충실히 진행하면서 비교과 활동도 적극적으로 하는 것을 원하지, 교과 학습은 무시한 채 진로 활동이나 교과 외 활동에만 집중하는 것은 입시에 절대 유리하지 않다. 가끔 학생부종합전형에서 내신이 낮음에도 불구하고 명문대에 합격한 사례가 방송 매체에서 언급되는 경우가 있다. 이런 사례는 일반 학생들에게는 아예 적용되지 않는다고 생각하는 것이 좋다.

학업 성취도가 높다는 것은 단순히 교과 지식이 높다는 것만을 말하는 것이 아니다. 자신이 관심을 갖고 교과 활동을 하는 것도 학업 성취도에 포함될 수 있다. 또한 학교 수업에서 배운 내용을 바탕으로 친구들과 또는 스스로 추가 자료를 조사해 탐구하는 활동도 학업 성취도로 인정받을 수 있다.

교과 학습이 숫자로 보여지는 것이 전부일 때가 있었다. 교과 지식만으로 내가 지원할 수 있는 대학이 결정되는 경우에는 시험만이 입시의 전부라 할 수 있었다. 하지만 지금은 교과 지식뿐만 아니라 다양한 자료들이 학업 성취도 개념으로 평가되고 있다. 따라서 자신의 희망 진로에 맞는 비교과 활동에만 집중하는 것보단 교과 활동을 병행하며 모든 것에 적극적으로 활동하는 것이 1학년 때 가장 효율적인 학생부종합전형 대비라 할 수 있다.

고1 성공적인 입시를 위한 TIP

- 교과 활동은 반드시 해야 한다.
- 특정 부분을 경험했다고 해서 우수성을 인정받지는 못한다. 교과와 비교과 두 영역 모두 경험하라.
- 특정 사례와 나의 입시 전력을 동일하게 생각하지 마라.

▶ 진로를 위한 활동과 교과 심화 활동은 같을 수도 다를 수도 있다

흔히 진로 활동이라 하면 교과 활동이 아닌 특정 진로에 맞는 전문 활동만을 생각하곤 한다. 하지만 1학년 때는 진로 활동과 교과 활동이 같을 수도 있다. 1학년 활동에서 가장 중요한 것은 기초 실력을 쌓는 활동이라 할 수 있다. 이런 활동은 교과 활동과의 연관성이 매우 높다.

"저는 생명공학을 전공해서 불치병을 치료할 수 있는 신약 개발 연구원이 되고 싶어요. 이런 진로를 가지고 있는 선배들은 1학년 때 어떤 동아리 활동을 했나요? 사실 제가 생명과학 실험 동아리에 들어가려고 했는데 의대를 가고 싶어 하는 학생들도 많고, 저랑 비슷한 꿈을 가지고 있는 친구들이 너무 많아 추첨으로 동아리원을 선발했는데 저는 떨어졌어요. 다른 동아리를 가입해야 하는데 어떤 동아리를 가입해야 할지 모르겠어요."

"저는 아직 구체적인 진로를 결정하지 못했어요. 그래서 어떤 동아리에 가입해야 할지 모르겠어요. 그리고 선생님께서 희망하는 진로나 전공이 있는지를 여쭤보셨는데 아무 답변도 할 수 없었어요. 다른 친구들은 전공과 연관성 있는 활동을 하는데 저는 아직 결정하지 못해 너무 불안합니다. 어떤 분은 제게 일단 내신에 집중하라고 하는데 내신만으로 대학을 가는 게 아니라서 나중에 불이익을 받을까 봐 걱정돼요."

1학년 입학 후 자신의 진로 방향성을 결정한 학생이 있는가 하면, 아직 결정하지 못해 혼란스러운 학생도 많다. 물론 진로를 확정하였다고 해도 시간이 지나면서 진로를 변경하는 경우도 있다.

1학년 때는 어떤 활동을 하는 게 좋을까? 가장 중요한 것은 기초 학습 능력을 높이는 활동을 하는 것이다. 고등학교에 입학하면 동아리를 2개 정도 선택할 수 있다. 학교에서 진행하는 동아리와 자율동아리 활동이다. 이 두 활동 중 하나는 자신의 진로와 연관성이 높은 교과 활동을 할 필요가 있다.

진로 방향성이 잡힌 학생들은 교과 활동이 진로 활동으로 보여질 수 있다. 진로가 명확히 잡혀 있지 않은 학생들은 교과 활동이 현재 배우고 있는 교과 활동의 심화 활동으로 보여질 수 있다. 일반 동아리에서 교과와 연관성 없는 활동을 한다면 자율동아리는 교과 활동을 하는 것이 좋다.

진로 활동이 교과 활동이 될 수 있고, 교과 활동이 교과 탐구 활동이 될 수도 있다. 그렇기 때문에 내가 왜 이 활동을 하는지 명확하게 설명할 수 있어야 한다. 자신이 원하는 동아리에 가입하지 못했다면 자율동아리를 통해 진행할 수도 있다. 중요한 것은 교과와 비교과 활동이 모두 보여지는 방향으로 활동 계획을 수립해야 한다는 것이다.

고1 성공적인 입시를 위한 TIP

- 1학년 때는 교과 활동과 비교과 활동 모두 진행하라.

- 활동 이유에 대해 명확히 설명할 수 있어야 한다.

- 진로를 결정하지 않은 것이 불이익이 되지는 않는다. 하고 싶은 것에 집중하는 것이 가장 유리한 입시 전략이다.

고2
진로 로드맵 확립 및 실행

▶ 진로는 학과 선정이 아니다

고1 때 경험한 것을 바탕으로 2학년 때는 자신이 어떤 활동을 해야 할지, 어떤 부분에 더 집중해야 할지 미리 계획을 세우고 진행해야 한다. 그렇기 때문에 2학년은 1학년에 비해 좀 더 체계적인 활동을 진행하게 된다. 하지만 2학년 학생들 중 여전히 자신의 진로를 결정하지 못한 학생도 있다. 자신이 현재 어떤 상황인지를 정확히 인식하고 진로 로드맵을 고민해 보는 것이 필요하다.

"선생님께서 말씀하시는 진로 로드맵이 무엇인지 잘 모르겠어요. 저는 특별히 원하는 진로가 없어요. 남들이 문과보다는 이과 쪽이 더 취업이 잘 된다고 하고, 기계공학과가 제일 좋다고 해서 진로를 기계공학자로 써놓긴 했는데요. 이런 상황에서 진로 로드맵을 어떻게 정리해야 할까요? 기계공학과를 지원하는 데 필요한 활동 사항들을 준비하면 될까요?"

자신의 진로를 명확히 결정한 학생과 그렇지 않은 학생 모두 자신의 진로 로드맵을 생각해 보라고 하면 지원하고자 하는 학과를 가기 위해 어떤 준비를 해야 할지만 고민한다. 하지만 우리가 말하는 진로 로드맵은 학과가 아니라 말 그대로 자신이 앞으로 해야 할 장기 로드맵을 작성하는 것이다. 즉 진로 고민은 대학교의 학과를 뛰어넘어 자신의 인생 목표에 대해 고민하는 과정을 정리해야 한다. 대학교의 학과는 그 과정을 이루기 위한 단계일 뿐이다. 대학교의 입학사정관도 학생이 세운 진로 로드맵이 합격을 위한 로드맵이 아닌 자신이 이루고자 하는 최종 목표를 보여 주기 원한다. 따라서 자신이 대학교를 졸업했을 때 어떤 목표를 가지고 활동할 것인지 깊이 고민해야 한다. 그래야 대학교 입학 후 자신이 어떤 활동을 할 것인지에 대해서도 정확히 말할 수 있다.

진로 계획에 대한 질문은 자소서뿐만 아니라 면접에서도 자주 언급되는 질문 중 하나다. 그렇기 때문에 자신이 이루고자 하는 목표와 그 목표에 도달하기 위해 어떤 노력을 해 왔고, 어떤 노력을 할 것인지에 대해 정리하는 것이 바로 진로 로드맵이라 할 수 있다.

2학년이라면 반드시 자신의 진로 로드맵을 고민하고 작성해 봐야 한다. 진로 방향을 놓고 고민하는 학생들 또한 마찬가지다. 직업이나 학과를 고민하기보단 자신이 어떤 목표를 가지고 노력할 것인가를 먼저 고민해 보고, 그다음에 학과에 대해 고민하는 것이 좋다. 이런 과정은 자신이 어떤 심화 활동을 해야 하는지에 대한 답을 얻을 수 있는 기회가 되기도 한다.

- 2학년은 자신의 구체적인 진로 방향을 결정하는 시기다.
- 진로 로드맵은 학과 선정이 아닌 자신이 앞으로 하고자 하는 인생 목표를 설정하는 것이다.
- 진로 로드맵은 자신이 세운 목표를 위해 어떤 노력을 할 것인지를 정리하는 것이고, 대학 진학 후의 계획에 대해 구체적으로 정리할 기회가 될 것이다.

▶ 심화 탐구 활동의 깊이를 생각하라

"제가 하는 동아리 활동은 1학년 때와 같은데요, 활동이 크게 다르지 않아도 괜찮을까요? 생기부 내용이 비슷할 듯한데 어떻게 해야 1학년 때와 다른 느낌을 줄 수 있을까요?"

"2학년 때는 전공이나 제 진로와 연관성 있는 활동을 해 보고 싶어요. 어떤 활동을 하는 게 유리할까요? 심화 탐구 활동을 하는 게 좋다고 하는데 도대체 심화 활동이 뭔지 모르겠어요. 어려운 거하는 게 심화 탐구 활동인가요? 아니면 대학교 수준의 내용을 경험하는 건가요?"

2학년 때 어떤 활동을 하는지가 입시에서 매우 중요하다고 생각하는 학생들이 많다. 그래서 더욱 남들과 다른 활동이나 진로와 연관성 높은 활동을 하고 싶은 마음이 클 수밖에 없다. 하지만 막상 그런 활동을 하려고 해도 1학년 때와 크게 다르지 않다는 것을 알게 된다. 동아리 활동도 그렇고 자율동아리 활동 및 학교에서 진행하는 행사들 또한 마찬가지다. 자신이 경험했던 것을 다시 반복하는 느낌이 들기 때문에 어떻게 해야 할지 고민할 수밖에 없다.

'2학년 때 중요한 것은 심화 탐구 활동이다'라는 말이 틀린 말은 아니다. 자신이 의문을 가지고 1학년 때보다 더 다양하게 자료를 조사하고 더 깊이 생각해 보는 게 중요하다. 심화 탐구 활동을 하는 방법은 크게 세 가지가 있다.

첫째, 1학년 때 했던 활동을 통해 배우고 느낀 점을 바탕으로 추가 활동을 하라. 1학년 때 했던 활동을 통해 배우고 느낀 점이 있다면 이를 바탕으로 추가 활동을 진행해 보는 것도 좋은 심화 탐구 활동이다. 경험을 바탕으로 의문이 생겼다는 것은 이를 바탕으로 좀 더 깊이 있는 탐구 학습을 할 수 있다는 뜻이기도 하다. 1학년 때 했던 경험과 다른 활동을 고민하는 것보다는 지금까지 했던 활동을 이어가는 것이 더 좋은 이유는 바로 심화 활동 주제에 대해 오래 고민하지 않고 바로 진행할 수 있다는 장점이 있기 때문이다. 동아리 활동이나 학교 행사를 바탕으로 심화 활동을 진행하는 것에 대해 고민한 후 실천해 보는 것이 필요하다.

둘째, 현재 2학년 때 배우는 교과 내용을 바탕으로 다양한 사례분석이나 응용을 해 봐라. 2학년의 교과 학습은 1학년에 비해 더욱 깊이 있는 심화 학습이 진행된다. 그렇기 때문에 의문을 가지고 자료를 조사하고 토론해 보는 것은 좋은 심화 탐구 활동이 될 수 있다. 흔히 교과 활동은 세부 능력 및 특기사항에만 작성되는 것으로 생각한다. 하지만 교과 심화 활동은 동아리 활동에서도 진행할 수 있고, 진로 활동에서도 진행할 수 있다. 중요한 것은 의문이 든 점을 어떤 과정을 통해 조사하고 분석했느냐다. 진로와 연관성이 있기 때문일 수도 있고, 자신이 좋아하거나 흥미를 느끼는 과목이기 때문일 수도 있다. 또는 자신 없는 과목이기에 흥미를 높이기 위한 활동이 될 수도 있다. 이런 점이 드러날 수 있도록 활동 계획을 세우고 진행한다면 교과 심화 활동으로 인정받을 수 있다.

셋째, 심화 탐구 활동은 자신의 진로와 연관된 활동을 더욱 깊이 생각해 봐라. 자신의 진로 방향에 대해 고민하는 모습을 보여 주는 것이 진로 탐구 활동이다. 이는 교과와 연관된 활동일 수도 있고, 학교에서 진행하지 않는 분야지만 스스로 배우고자 노력하는 경우가 될 수도 있다. 예를 들어 컴퓨터 프로그램에 관심이 높아 스스로 코딩 학습을 진행하고 아두이노 프로그램을 활용해 진로 활동을 하는 경우가 이에 해당한다. 이런 진로 활동은 자신의 관심과 흥미를 바탕으로 진행하는 것이기 때문에 깊이 있는 활동을 창출할 수 있다는 장점이 있다. 이런 활동은 혼자서 활동을 진행할 수도 있지만 가급적 같은 진로를 생각하고 있는 친구들과 함께 활동하면 더 다양한 결과를 얻을 수 있다.

▶ 생기부 기록에 대해 선생님과 상의하라

1학년 때 생기부를 보면 자신이 어떻게 해야 생기부에 잘 기록될지 방향이 잡혀 있는 학생이 있는 반면 무엇을 어떻게 해야 생기부 정리를 잘할 수 있는지 감을 잡지 못하는 학생도 있다.

"선생님 다른 친구들을 보면 생기부 정리가 잘 되어 있는데 왜 저만 이렇게 기록이 안 되어 있는 걸까요? 어떤 과목은 아예 작성이 안 되어 있는 것도 있어요. 제가 성적이 나빠서 좋은 대학에 진학하지 못할 거기 때문에 학교에서 신경을 써주지 않아서 그런 건가요?"

학생 성적에 따라 생기부 작성을 다르게 한다거나 상위권 학생들에게 더 많은 시간을 투자해서 작성해 주는 것 아니냐는 말은 어느 학교에서나 나온다. 그만큼 학생들이 자신의 생기부 내용이 부실하다고 생각하는 경우가 많다는 뜻이기도 하다. 요즘은 다양한 합격 사례나 설명회를 통해 생기부의 중요성을 모두가 이해하고 있고, 기록이 잘된 생기부가 무엇인지에 대해서도 너무나 잘 알고 있다.

하지만 내가 어떻게 해야 생기부가 잘 쓰여지는지에 대해서는 모르는 경우가 많다. 생기부에는 학생이 경험하지 않은 활동 내용은 절대 기록되지 않는다. 또한 작성하는 선생님이 나에 대해 얼마나 많은 정보를 알고 있는가도 중요하다. 그렇기 때문에 평소에 자신이 진행하고 있는 활동, 또는 하고 싶은 활동이 있다면 선생님과 사전에 상의 후 진행할 필요가 있다. 뿐만 아니라 활동을 진행한 후에는 반드시 결과물을 정리하여 선생님께 제출해야 한다.

담임 선생님뿐 아니라 교과 담당 선생님과도 꾸준히 소통하면서 자신의 활동에 대해 조언을 구하고 협의한 후 진행해야 자신이 원하는 생기부를 만들 수 있다. 선생님이 모르는 활동은 입시에서는 큰 의미가 없다. 생기부에 기록되지 않기 때문이다. 생기부 기록이 부실하다고 생각하는 학생들은 대부분 선생님과의 소통이 부족한 경우가 많다. 생기부 작성을 귀찮아하는 선생님은 극히 드물다. 더 많은 것을 써주고 싶지만 써야 할 내용이 없을 뿐이다. 이럴 때 학생이 적극적으로 나서서 활동 계획을 상의한다면 분명 만족스러운 생기부 결과를 얻을 수 있을 것이다.

- 생기부는 선생님이 작성하는 것이기 때문에 자신이 하는 활동을 선생님이 알 수 있게 하는 것이 중요하다.
- 활동을 하기 전 반드시 선생님과 상의 후 진행하라.
- 활동을 마무리하면 반드시 보고서를 작성하고 제출하라.

▶ 기록물 관리에 집중하라

생기부는 활동이 끝난 직후 바로 작성되지 않는다. 학기가 종료되는 시점이나 2학기가 끝나는 시점에 작성된다. 그렇기 때문에 자신이 1년 동안 활동한 내용을 기억하지 못하면 꼭 기록되어야 할 내용이 누락될 수 있다.

"생기부를 확인하면서 깜짝 놀랐던 건 제가 했던 활동이 모두 기록되지 않았기 때문이에요. 사실 학기 말에 선생님께서 활동한 내용이 있으면 제출하라고 하셨는데 알아서 잘 작성해 주실 거라 생각하고 제출하지 않았거든요. 그런데 이런 결과가 나올 줄 알았으면 뭐라도 제출할 걸 그랬어요. 평소에 활동한 것을 제대로 정리해 두지 않아서 막상 제출 시기가 되니 하나도 기억나지 않고……. 2학년 때는 제대로 정리해서 제출하고 싶은데 어떻게 해야 할까요?"

학교생활을 하면서 인상 깊은 활동을 한 경우나 모두가 같이 한 활동인 경우에는 내가 특별히 정리해 놓지 않더라도 잘 기억난다. 하지만 학교생활을 하면서 했던 모든 활동을 다 기억하는 것은 불가능하다. 그렇기 때문에 평소 진행했던 활동을 잘 기록해 놓는 것은 매우 중요하다. 생기부를 작성할 시점에 선생님에게 자신이 했던 활동을 설명할 때 활동 사례를 기록해 놓은 자료가 있다면 좀 더 잘 어필할 수 있기 때문이다. 어떤 활동이 나의 특징을 부각시켜 줄 수 있을지 모르기 때문에 모든 활동 사항을 기록해 놓는 것이 필요하다.

매일매일 자신이 학교에서 진행했던 활동을 간단하게 정리해 놓는 것이다. 수업시간에 발표한 내용과 선생님이 피드백해 준 내용, 친구들의 반응 또는 토론 활동 내용, 자료 제출, 수행 평가 내용 등 학교에서 진행했던 모든 것을 기록해 놓는 것이 좋다. 중요한 활동이나 인상 깊었던 활동, 칭찬받았던 내용은 중요 표시를 해 놓은 다음 생기부를 기록할 때 다시 확인해 보면서 정리하는 것도 좋은 방법이다.

기록하는 습관은 매우 중요하다. 공부 계획을 수립하거나 일기를 쓰는 것처럼 매일매일 자신의 활동 사항을 작성한다면 자신의 의도에 맞는 생기부를 완성할 수 있을 것이다.

- 자신의 기억을 믿지 말고 모든 것을 기록해 놓아라.
- 기록하는 것은 좋은 습관이다.
- 만들어 놓은 자료는 별도 파일로 보관하라.
- 기록물을 바탕으로 선생님과 생기부 작성에 대해 상담하라.

▶ 여전히 내신은 중요하다

교과 내신은 학생들끼리 치열하게 경쟁해야 하기 때문에 그만큼 부담감과 스트레스가 크다. 그래서 포기하고 싶은 마음도 커질 수밖에 없다. 특히 자신의 내신성적이 입시에서 좋은 영향을 끼칠 수 없다는 생각이 들면 내신 외 다른 곳에 집중하고 싶다는 마음을 갖게 된다.

"선생님 저는 1학년 때 내신이 너무 나빠서 수시를 준비하는 게 어렵지 않을까요? 지금부터라도 노력해서 내신을 올린다 해도 1등급은 받을 수 없을 것 같아요. 내신을 포기하고 정시를 준비하는 게 더 좋지 않을까요? 2학년부터 수능 준비를 하면 다른 학생들에 비해 유리하지 않을까요?"

내신이 좋지 않을 경우 많은 학생들이 내신이 반영되지 않는 다른 입시 전형에 집중하려 한다. 물론 학생부종합전형에서도 내신 반영이 적은 경우가 있다. 어떤 학교는 학생부종합전형에서 내신 등급을 아예 보지 않는다고 말하는 경우도 있다. 하지만 대학 입시에서 내신이 차지하는 비중은 적지 않다.

우리가 내신이라고 부르는 것은 등급만이 아니다. 대학교에서 학업 성취도라는 이름으로 학생의 교과 학습을 분석할 때는 내신 등급 하나만 가지고 판단하지 않는다. 생기부에 기록된 내신 성적은 등급뿐만 아니라 원점수, 과목 평균, 표준편차, 응시생 수 등 매우 다양한 자료들이 있다. 또한 다양한 과목이 있기에 주요 과목뿐 아니라 전공과 연관성이 높은 과목이나, 혹은 포기한 과목은 없는지, 학년별 성적 변화가 어떻게 되는지 등을 가지고 종합적으로 평가한다.

그렇기 때문에 현재 내신이 나쁘다고 해서 포기하지 말고 마지막까지 최선을 다하는 것이 중요하다. 대학 입학에 불리하다고 생각했던 내신이 오히려 입시에 가장 큰 도움을 준 사례는 많다. 끝까지 포기하지 않고 최선을 다하는 것이 가장 효과적인 입시 준비가 될 수 있다.

고2 성공적인 입시를 위한 TIP

- 내신 때문에 학생부종합전형을 포기하는 것은 가장 어리석은 입시 전략이다.
- 모든 걸 내신 등급만으로 평가하지는 않는다.
- 마지막까지 내신을 포기하지 않은 학생이 결국 입시에서 좋은 결과를 얻는다.

고3
학과 선정에 맞게
구체화된 활동 진행

▶ 진로 로드맵을 완성하라

고3이 되면 누구나 입시에 대한 관심이 높아질 수밖에 없다. 성적과 상관없이 누구나 대학 진학에 관심을 가질 수밖에 없기 때문이다. 그래서 남은 기간 최선을 다하고자 하는 마음을 갖고 고3을 시작한다. 하지만 문제는 내가 어떤 부분에 더 집중해야 입시에 조금이라도 도움이 될 수 있는지 깊이 고민하지 않고 주변 친구들이 하는 것과 똑같은 방법으로 학교생활을 하는 경우가 많다. 이는 오히려 나중에 결과에 실망하고 포기하고자 하는 마음만 더 크게 만들 수 있다. 따라서 자신만의 학습 활동 로드맵을 만들어야 한다.

"1학년 때와 2학년 때 입시에 대해 잘 몰라서 제대로 준비하지 않았다는 점이 너무 후회됩니다. 지금이라도 노력해서 대학 입시를 준비하려는데 주변에서 수시는 어려우니 수능에만 집중하는 게 좋을 것 같다고 말합니다. 정시는 재수생들과 경쟁해야 하고, 한 번 본 시험성적으로 대학이 결정되기 때문에 많이 불안해요. 특히 저는 시험 볼 때 긴장을 많이 하는 스타일이라 결과가 나쁘게 나올 것 같아 고민입니다. 현재 제 상황에서 학생부종합전형은 불가능할까요?"

"3학년 때 활동도 중요하다고 해서 동아리나 학교 활동을 적극적으로 하려고 마음먹었는데 도대체 뭘 어떻게 해야 할지 모르겠어요. 선생님께서는 3학년이 무슨 활동을 하려고 하느냐며 공부나 열심히 하는 게 입시에 더 도움이 된다고 말씀하시네요. 주변 선배들은 3학년 때도 열심히 활동해야 입시에 유리하다고 말하거든요. 도대체 저는 어떻게 해야 할까요?"

위의 두 사례처럼 많은 고3 학생들이 주변의 조언 때문에 더 혼란스러워하는 경우가 많다. 사실 주변 문제만은 아니다. 본인 스스로 어떤 목표를 가지고 있고, 어떤 모습을 보여 줘야 하는지에 대해 고민하지 않았기 때문에 주변의 조언에 혼란스러워하는 것이다. 그렇기 때문에 고3 초에 가장 먼저 해야 할 것은 바로 자신의 진로 로드맵을 구체적으로 완성하는 것이다.

진로 로드맵은 자신이 어떤 목표를 가지고 있고, 그 목표에 도달하기 위해 어떤 노력을 해 왔고, 또 어떤 노력을 해야 할 것인지에 대해 정리하는 것이다. 많은 학생들이 진로 로드맵을 작성하라고 하면 어떻게 작성해야 할지 모르겠다고 한다. 그 이유는 자신의 목표에 대해 고민해 보지 않았기 때문이다.

대학에 입학하는 것만이 인생 목표는 아니다. 학과에 상관없이 자신이 어떤 인생 목표를 가지고 있느냐를 고민하는 것이 진로 로드맵의 첫 시작이다. 이러한 인생 목표가 있어야 앞으로 선택할 직업에 대해 이야기할 수 있고, 학과를 지원하는 이유를 설명할 수 있기 때문이다.

"저는 우리나라에 만연해 있는 사회문제를 조사하고 분석하여 해결책을 제시할 수 있는 연구원이 되고 싶습니다. 과학기술이 발전했다고 해서 사람이 행복지수가 높아지는 것은 아닙니다. 인간이 행복해지기 위해서는 돈이나 과학기술의 혜택보다 인간다움을 느끼는 것, 즉 인권이 보호받고 존중받아야만 행복감을 느낄 수 있고, 이를 통해 우리 사회는 더욱 발전된 모습을 보일 수 있다고 생각합니다. 저는 모두가 행복한 사회를 만들기 위해 개인의 인권이 보호받고 존중받을 수 있는 방법을 연구하여 사회 발전에 기여하고 싶습니다."

위의 사례에서 볼 수 있듯이 인생 목표는 학과나 직업보다는 자신이 사회에 어떤 도움을 줄 수 있는 사람이 되고 싶은지를 구체적으로 작성하는 것이 좋다. 자신이 세운 인생 목표를 바탕으로 어떤 준비를 할 것인지에 대해 구체적으로 작성한다면 가장 좋은 진로 로드맵을 완성할 수 있을 것이다.

▶ 지원하려는 대학의 학과 특성에 대해 조사하라

생기부 작성을 할 때 가장 많이 고민하는 것이 바로 '내가 지원하려는 학과와의 연관성을 어떻게 강조할 수 있을까'이다. 하지만 학과와의 연관성을 고민하면서, 정작 내가 지원하려는 학과에 대해 자세히 조사하는 경우는 많지 않다. 물론 내가 지원하려는 학교와 학과를 결정하는 시기가 늦어져 활동과의 연관성을 맞추지 못하는 경우가 있을 수는 있다. 하지만 3학년인 경우 대부분 자신이 지원하려는 학과를 정한 경우가 많기 때문에 자신이 희망하는 대학의 학과 특성에 대해서 조사하는 것은 필수이다.

"제가 자소서 작성 때 가장 크게 실수한 것은 지원하는 학교의 학과 특성에 대해 조사하지 않았다는 것입니다. 저는 동일한 학과는 모두 다 같은 활동과 학습을 진행할 것이라고 생각했거든요. 하지만 각 학교마다 학과별 특징이 있고 중요하게 생각하는 방향 또한 다 다르다는 것을 뒤늦게 알게 되었습니다. 만약 이런 특징을 좀 더 빨리 알았더라면 3학년 때 활동에도 변화가 있었을 것이라고 생각합니다."

3학년 때는 전공과 연관성 높은 활동을 하라는 말을 자주 한다. 학년이 높아질수록 다양한 활동을 하는 것보다는 자신이 희망하는 진로와 연관성이 높은, 지원하고자 하는 학과와 연관성이 높은 활동을 심도 깊게 하라는 뜻이다. 그렇기 때문에 자신이 지원하고자 하는 학과의 특징과 학습 방향 등에 대한 정보를 미리 알고 있다면 더 쉽게 방향을 설정할 수 있을 것이다.

학과 특성을 조사하는 방법은 인터넷만으로도 충분하다. 학교 사이트에 접속해서 학과 특징을 확인하는 것쯤은 고등학생이라면 누구나 쉽게 할 수 있다. 하지만 단순히 눈으로만 확인하고 말 것이 아니라 별도로 정리하는 것이 필요하다. 학교별 특징이 조금씩 차이를 보이기 때문에 별도로 정리해 놓지 않으면 혼란스러울 수 있기 때문이다. 뿐만 아니라 면접 대비까지 이어질 자료이기 때문에 반드시 본인 스스로 정리해 놓을 것을 추천한다.

- 지원하고자 하는 학과의 특성을 반드시 조사하라.
- 학과 특성을 바탕으로 3학년 때 활동 방향을 설정하라.
- 학과 특성은 반드시 별도 정리 후 보관하라.

▶ 자소서를 미리 작성하라

학생부종합전형을 준비하는 데 있어서 자소서 작성은 학생마다 작성 시기가 다르다. 어떤 학생은 학기 초부터 작성하는 경우가 있고 또 어떤 학생은 원서 접수 시기에 작성하는 경우도 있다. 자소서 작성은 입시에서 매우 중요한 자료 중 하나기 때문에 많이 고민하고 연구해서 작성하는 것이 필요하다.

"3학년이 되면서 학교에서 입시와 관련해 이것저것 작성해서 제출하라고 해요. 특히 어느 학교를 지원하려고 하는지, 어느 학과를 쓰려고 하는지 뿐만 아니라, 갑자기 자소서도 작성해서 제출하라고 하고, 어떤 활동을 추가로 하고 싶은지도 물어보시는데, 저는 어떻게 해야 할지 모르겠어요. 자소서를 쓰려고 해도 잘 써지지 않고…… 이럴 때 저는 어떻게 해야 할까요?"

자소서 작성은 미리 진행할수록 유리하다. 그 이유는 두 가지로 설명할 수 있다.

첫째, 생기부 활동을 꼼꼼하게 재확인할 수 있는 계기가 된다. 평소 생기부를 볼 때는 아무 생각 없이 읽는 경우가 많다. 대부분 어떤 칭찬이 적혀 있는지, 자신이 활동한 내용이 어떻게 작성되어 있는지만 확인하고 만다. 하지만 자소서를 작성하려면 자신이 지원하는 학과와 지금까지의 활동을 연관해서 고민해야 한다. 따라서 어떤 특정한 주제를 놓고 생기부를 확인해야 하기 때문에 좀 더 자세히 그리고 분석해 가며 생기부를 보게 된다. 자신의 생기부를 꼼꼼히 분석해 보고 싶다면 자소서를 작성하면서 생기부를 확인할 것을 추천한다.

둘째, 어떤 것이 부족한지 확인하고 그것을 보완할 수 있는 방향 설정을 할 수 있다. 자소서를 작성할 때는 주어진 질문에 맞춰 자신이 지금까지 한 활동이나 특별한 사례를 예로 든다. 만약 자신이 특정 주제에 맞는 사례를 찾는 과정에서 만족한 사례가 없는 경우 당황할 수밖에 없다. 만약 자소서를 최대한 빠른 시기에 작성한다면 이런 문제점을 3학년 때 추가 활동으로 보완할 수 있다.

이처럼 자소서를 작성하는 시기가 빠르면 빠를수록 입시 전략을 위한 생기부 관리는 더욱 유리해질 수밖에 없다. 학생부종합전형을 위한 자소서 작성도 의미 있지만 생기부 보완을 위한 자소서 작성도 입시를 위해 반드시 필요한 부분이니 지금이라도 작성해 보는 것이 좋다.

고3 성공적인 입시를 위한 TIP

- 3학년 활동의 방향성을 잡기 위해 자소서부터 작성하라.
- 가능한 빨리 자소서 작성을 시작하라.

▶ 학과와 연관성 높은 활동에 집중하라

1학년 때는 다양성을 중심으로 교과 활동과 진로 활동을 해야 하고, 2학년 때는 관심 있는 분야의 심화 탐구과정에 집중해야 한다면, 3학년 때는 자신이 지원하려는 학과와 연관성 높은 활동을 하는 것이 필요하다.

"고3 때 진행하는 활동은 대학 입시에서 크게 중요하지 않다고 하는데 정말 그런가요? 3학년 때는 공부만 열심히 하는 게 더 중요하다고 해서 주변 친구들 중에서는 동아리나 자율 활동은 전혀 하지 않고 오로지 내신에만 집중하더라고요. 저는 어떻게 해야 할지 방향을 잡기가 어려워요. 저도 지금 하고 있는 활동을 그만두고 내신에만 집중하는 게 대학 입시 준비에 더 유리할까요?"

많은 학생들이 학생부종합전형을 위한 활동은 2학년 때까지만 하고 3학년 때는 내신에만 집중하는 것이 가장 효과적인 입시 전략이라고 생각한다. 하지만 이는 매우 잘못된 생각이다. 3학년 때도 자신의 진로나 교과 중심 활동을 진행하는 것이 필요하다. 하지만 수능 준비와 내신 준비까지 해야 하기 때문에 너무 많은 활동을 하기보다 몇 개의 활동에만 집중하는 것이 좋다.

첫째, 2학년 때 활동을 이어 나가라. 3학년 때 새로운 활동을 시작하는 것은 쉽지 않다. 자료를 조사하거나 토론을 진행하는 등 보고서를 작성하는 데 시간이 많이 들기 때문에 내신이나 수능 준비에 방해가 될 수 있기 때문이다. 그래서인지 많은 학생들이 활동을 시작하더라도 끝을 내지 못하고 중간에 포기하는 경우가 자주 발생한다. 따라서 2학년 때 자신의 진로와 연관성이 높은 활동을 선택해 3학년 때까지 이어 나가는 것이 좋다. 특히 동아리나 자율 활동의 경우 혼자가 아닌 그룹 활동이기 때문에 시간을 효율적으로 활용할 수 있다는 장점이 있다. 여기서 중요한 것은 자신의 진로와 연관성이 높은 활동을 해야 한다는 것이다. 만약 자신의 진로와 연관성 없는 활동을 진행한다면 도움이 되지 않을 수도 있다. 그렇기 때문에 2학년 때 동아리나 자율 활동을 자신의 진로나 지원하려는 학과와 연관 지어 고민한 후 이어 나가는 것이 좋다.

둘째, 지원하려는 학과를 분석한 후 도움이 되는 활동을 하라. 만약 동아리나 자율 활동이 자신의 진로나 지원하려는 학과와 연관성이 낮다고 생각되는 경우 지원학과에 맞는 활동을 진행하는 것이 필요하다. 하지만 이때는 반드시 지원하려는 대학교의 학과를 조사한 후 이와 연관성이 높은 활동을 선택하는 것이 좋다. 지원 대학은 1개가 아닌 여러 곳이기 때문에 특정 학과 하나만 조사할 게 아니라 모든 학과를 조사한 후 활동을 진행하는 것이 중요하다. 개인 활동을 하는 경우도 있고 그룹 활동을 하는 경우도 있는데 이는 자신이 선호하는 것을 선택한 후 진행하면 된다. 혼자서 진행하는 것과 그룹으로 진행하는 것과 큰 차이는 없다. 중요한 것은 자신이 지원하려는 학과에 관심이 많다는 것을 보여 주는 것이다.

셋째, 다양한 활동이 아닌 2~3개 활동에만 집중하라. 앞에서도 말했듯이 고3 때는 내신과 수능 등 다양한 학습을 진행해야 하므로 고1, 2 때와는 다르게 여유시간이 부족하다. 전공 학과와 연관성이 높은 활동을 2~3개 정도만 진행하며, 심화 탐구 활동으로 진행하는 것이 좋다. 자신의 장점을 보여 줄 수 있는 활동을 중심으로 진행한다면 적은 활동으로도 자신을 충분히 어필할 수 있을 것이다.

고3 성공적인 입시를 위한 TIP

- 3학년은 생기부를 정리하는 시기다. 부족한 부분을 보완하는 방향으로 마무리 하라.
- 다양성이 아닌 특정 활동을 중심으로 진행하라.
- 내신, 수능 준비와 병행해야 하므로 최소한의 시간을 투자해서 최적의 결과를 얻을 수 있는 방법을 고민하라.

나만의 맞춤형
생기부 만들기

PART 2

셀프 브랜딩, 자소서 작성하기

자소서 작성을 잘하면 대입에서 유리한가요?

정말 많은 학생들이 물어보는 질문이다. 아니 학생보다 학부모가 더 많이 물어보는 질문이다. 자소서 작성을 어떻게 하느냐에 따라 분명 입시의 승패가 바뀔 수 있다. 자소서는 생기부에는 드러나지 않은 구체적인 내용을 언급할 수 있고, 교내 활동을 통해 나의 변화된 점을 부각시킬 수 있는 가장 좋은 자료다. 그렇기 때문에 자소서는 정말이지 아주 많이 고민하고 준비해서 작성해야 한다.

자소서는 분명 입시에 큰 영향을 미칠 수 있다. 문제는 긍정적인 영향력을 발휘할 수도 있지만 반대인 경우도 있을 수 있다는 것이다. 잘못된 자소서로 인해 오히려 입시에 불리한 영향을 끼칠 수 있기 때문이다. 잘 쓰여진 자소서를 참고하거나 인터넷에서 합격한 자소서를 베껴 비슷하게 작성하는 경우가 있는데 이렇게 할 경우 남의 자소서를 베낀 것으로 간주해서 바로 탈락시킨다. 따라서 자소서는 남의 것을 모방하기보단 자신이 진행했던 활동을 바탕으로 스스로 작성해야 한다.

자소서 작성이 너무 어려워요!

고3 학생들이 자소서를 작성할 때 가장 힘들어하는 것이 바로 글을 잘 쓰지 못한다는 것이다. 자소서는 글짓기가 아니다. 아무리 잘 쓴 글이라 해도 우수한 자소서라 말하지 않는다. 우수한 자소서는 잘 쓴 글이 아니라 학생이 학교생활이나 경험을 통해 배우고 느낀 점이 명확하게 표현되어 있는지의 여부다. 문제는 방법을 이해했다고 해서 그에 맞춰 글쓰기를 바로 진행할 수 있는 것은 아니라는 것이다.

PART 2에서는 자신이 경험한 사례를 통해 자소서를 어떻게 작성해야 하는지 자세히 설명하고자 한다. 지금부터 자소서 작성 방법 열 가지 법칙을 사례와 함께 소개하겠다. 제안하는 방법에 따라 단계별로 작성하면 자신의 장점을 보여 줄 수 있는 멋진 자소서를 작성할 수 있을 것이다. 뿐만 아니라 잘 쓰여진 자소서를 예로 들어 어떤 면에서 잘 쓰여졌는지를 보여줌으로써 자신의 경험을 어떻게 표현해야 하는지 글쓰기 스킬 또한 알려주고자 한다.

자소서 작성은 언제 시작할까요?

고3의 경우 여름방학이 지나면 본격적으로 자소서를 작성하기 시작한다. 하지만 입시 준비를 철저하게 준비하는 학생인 경우에는 1학기 중간고사가 끝나면 자소서 작성을 준비하기 시작한다. 이렇게 시작부터 차이가 나는 이유는 자소서를 작성하면서 부족한 부분을 보완할 시간을 확보할 것이냐, 지금까지의 경험을 중심으로 작성할 것이냐에 따라 달라지기 때문이다. 내가 만난 학생들 중 주변에서 기대했던 것보다 더 좋은 대학에 합격한 학생들은 대부분 자소서 작성을 최대한 빨리 시작했다. 작성하면서 부족한 부분을 보완하기 위해 고3, 1학기를 최대한 활용했고, 이런 경험이 생기부나 자소서 작성뿐 아니라 면접에도 좋은 영향력을 미쳤다.

자소서를 작성할 때는 바로 글을 쓰기 시작하기보다는 지금까지 본인이 진행한 활동이나 학업 진행 내용을 꼼꼼히 확인한 후 작성하는 것이 좋다. 특히 자신의 진로 방향성과 지원하려는 학과와의 연관성을 고민한 다음 자소서의 질문에 따라 주제를 선정하고 글을 작성하는 것이 필요하다. PART 2의 세부 내용을 참고해서 자신만의 자소서 쓰기를 가능한 한 빨리 고민하기 시작한다면 분명 차별화된 자소서를 작성할 수 있을 것이다.

01
자소서 잘 작성하는
열 가지 법칙

학생부종합전형은 고등학생이라면 누구나 준비해야 하는 필수 전형이다. 학생부종합전형은 크게 서류 평가와 면접 평가 두 가지로 나뉜다. 물론 면접을 보지 않고 서류 평가만으로 학생 평가를 끝내는 학교도 있지만, 대부분의 4년제 대학에서는 서류와 면접 평가를 통해 학생을 선발한다.

서류 평가는 생기부와 자소서를 중심으로 학생의 학업 활동과 진로 활동, 전공과 연관성이 높은 경험 여부, 인성 등을 평가한다. 자소서 작성은 대부분 3학년에 올라가면서 고민하기 시작하는데, 고등학교에서는 외부에서 강사를 모셔오거나 자소서 작성 경험이 많은 선생님이 학생들에게 자소서 작성 가이드를 알려주기도 한다.

자소서는 말 그대로 나를 소개하는 글이다. 그렇기 때문에 자신만의 특징을 보여 주는 것이 중요하다. 그래서 처음 자소서를 작성할 때 자신이 경험한 사례 중 남이 경험해 보지 않았을 만한 사례만을 찾아 자소서를 작성하려 한다. 하지만 남들이 경험해 보지 않았던 사례를 찾기란 쉽지도 않을뿐더러 어떻게 써야 할지 막막해하는 학생들이 많다.

자소서는 크게 공통항목과 학교별 독자적 항목이 있다. 공통항목은 학업에 기울인 노력과 의미 있는 경험, 인성을 중심으로 질문하고, 학교별 독자적 문항은 학교가 원하는 인재상에 적합한지를 물어보는 질문들로 구성된다. 생기부와 함께 중요한 평가 기준으로 활용되는 자소서는 생기부에 기록되지 못한 나만의 장점을 어필할 수 있는 중요한 자료다. 자신의 장점을 어필할 수 있는 자소서를 쓰려면 다음에 소개하는 열 가지 특징을 꼭 이해해야 한다.

법칙 1
학습 경험을 통해 배우고 느낀 점을
구체적으로 기록해야 한다

고등학교 학생들의 성실성을 확인하는 과정에서 학습에 기울인 노력은 매우 중요한 평가 항목이다. 자소서 작성에 있어서도 '학습'이라는 주제 역시 매우 중요한 항목이다. 자소서 1번 질문이 "고등학교 재학 기간 중 자신의 진로와 관련하여 어떤 노력을 해왔는지 본인에게 의미 있는 학습 경험과 교내 활동을 중심으로 1,500자 이내로 기술하라"이다. 그래서 자소서를 작성하는 많은 학생들이 자신의 학습 경험 중 의미 있는 경험이 무엇이었는지를 두고 많이들 고민한다.

하지만 자소서를 작성할 때 중요하게 생각해야 할 것은 남들과 다른 나만의 독특한 사례를 찾을 것이 아니라 내가 학습하면서 배우고 느낀 점을 구체적으로 말할 수 있는 사례를 찾아야 한다. 자소서는 내용 작성만으로 끝나는 것이 아니다. 서류 통과 후 면접 평가가 진행될 때도 자소서를 활용한다. 그렇기 때문에 내가 구체적으로 말할 수 있는 의미 있는 경험을 중심으로 자소서를 작성하는 것이 필요하다.

뿐만 아니라 자소서의 질문 내용에도 있듯이 학업에 기울인 노력을 통해 배우고 느낀 점을 중심으로 작성해야 한다. 의미 있는 사례는 독특한 경험이 아니라 노력을 통해 내가 배우고 느낀 점을 구체적으로 표현할 수 있는 사례가 가장 좋은 사례다.

의미 있는 사례를 찾는 과정에서 많은 학생들이 실수하는 것 중 하나가 바로 성적이 상승한 과목만을 중심으로 작성한다는 점이다. "내신에 상승한 결과가 있으면 노력한 과정을 더 인정해 주지 않을까요?"라고 말하는 학생들이 많다. 물론 틀린 말은 아니지만 노력을 통해 결과가 좋아졌다는 것과 내가 성적을 상승시키기 위해 노력한 과정을 통해 어떠한 것을 배우고 느꼈는지는 다르다. 자소서를 작성할 때 나만의 특징을 구체적으로 보여 주기 위해서는 그 과정을 통해 무엇을 배우고 느꼈는지가 드러나야 한다.

"배우고 느낀 점을 구체적으로 쓰라는 게 무슨 뜻인지 모르겠어요. 어떻게 써야 구체적으로 썼다고 할 수 있을까요?"

학생들에게 자소서 작성 방법에 대해 알려줄 때 가장 많이 하는 질문이다. 학습 경험 사례를 고민할 때는 다음의 세 가지를 기준으로 생각하도록 하자.

첫째, 학습했던 과목을 중심으로 배우고 느낀 점을 생각해라.

고등학교 재학 기간 중에는 다양한 과목을 접하게 된다. 그 과목 중 분명 자신이 좋아하는 과목과 흥미가 떨어지는 과목이 있을 것이다. 바로 이 과목들을 중심으로 고민해 보는 것이다. 좋아하는 과목은 분명 자신이 좋아하게 된 이유가 있을 것이다. 자신의 진로와 연관성이 높기 때문에 집중하다 보니 자연스럽게 흥미가 생긴 경우도 있을 것이고, 다른 친구들에 비해 이해속도가 빨라 자신감이 높아져 그로 인해 흥미가 높아진 경우도 있을 것이다. 바로 이런 과정을 통해 자신이 어떤 것을 배우고 느꼈는지를 구체화시켜 보라는 것이다. 분명 남과는 다른 생각의 변화나 행동의 변화가 있었을 것이다.

흥미가 떨어지는 과목 또한 그 이유에 대해 고민해 보고 자신이 어떤 노력을 기울여 왔는지 생각해 보는 것도 좋은 방법이다. 특히 자신의 약점을 보완하는 과정에서 자신이 어떤 노력을 했는지, 그런 노력을 통해 자신이 어떤 점을 배우고 느꼈는지를 구체적으로 작성할 수 있다면 이 또한 좋은 사례가 될 수 있다.

합격 선배의 자소서: 과목 중심 서술

① 저에게 **수학** 문제를 푸는 과정은 게임에 도전하는 것 같았습니다. 복잡하고 어려운 문제라도 끝까지 고민해서 정답을 찾고 나면 말로 표현할 수 없는 성취감과 동시에 무엇이든 풀 수 있을 것 같은 자신감이 생기곤 했습니다.

② 처음에는 **수학**도 최대한 많이 외우고 문제를 많이 풀면 충분하다고 생각했습니다. 하지만 다른 친구들보다 더 많은 시간을 투자했음에도 불구하고, 기초가 부족한 저에게 이 방법은 효과적이지 못했습니다. 오히려 수학이 싫어지고 포기하려는 마음만 더 커졌습니다. 마지

막 기회라는 생각으로 기초를 제대로 다지기로 마음먹고 중학교 내용부터 다시 혼자서 공부하기 시작했습니다.

③ 제 **세계지리** 공부는 초등학교 때 세계테마기행을 보면서부터 시작되었습니다. 다른 나라 문화에 관심이 생겼고 나중에 가보고 싶다는 생각도 들었습니다. 고등학교 세계지리 수업을 들을 때 어렸을 적 경험을 떠올려 공부하니 내용이 더 쉽게 이해되고 기억에도 오래 남았습니다.

평가

①번 사례처럼 수학 과목에 대한 흥미와 관심을 게임에 빗대어 소개하는 것은 비교적 쉽게 생각할 수 있는 방법이다. 이런 경우에는 다음에 오는 사례를 구체적으로 작성하여 진정성을 강조하는 편이 효과적이다. 이와 반대로 수학 공부에 대한 어려움을 극복하는 방법을 강조할 수도 있다.

②번 글의 학생은 실제로 내신 수학 성적이 하위권에서 2등급까지 상승한 교과 발달 상황 기록이 존재하기 때문에 중학교 수학부터 다시 제대로 공부했다는 내용이 신뢰감을 줄 수 있다.

반드시 주요 과목만을 다뤄야 하는 것은 아니다. 진로와 연계되거나 폭넓은 교과 지식을 강조하기 위해서라면 특정 과목의 공부 방법에 대해 다루는 것도 좋다. ③번 사례의 경우 세계지리 학습에 대해 다루었는데, 어린 시절 경험으로부터 시작된 실제 학습 방법이나 멘토링까지 연계하는 방식으로 차별화된 지점을 만들려 노력했다.

둘째, 자신이 진행했던 학습 방법을 통해 배우고 느낀 점을 생각해 보라.

공부에 많은 시간을 투자한 경험이 있는 학생들은 자신만의 공부 방법 노하우가 있다. 특히 고등학교에서 여러 과목을 학습하다 보면 다양한 과정과 경험을 통해 자신만의 공부 방법을 터득하게 된다. 그 방법을 통해 원하는 결과를 얻은 경험이 있을 것이다. 바로 이런 경험을 통해 자신이 배우고 느낀 점을 구체적으로 작성해 보는 것도 좋은 방법이다.

이때 가장 중요하게 생각해야 할 것은 남들도 할 수 있는 나만의 공부 방법에 대해 얘기하는 것이 아니라, 그 방법을 체득하기 위해 내가 어떤 노력을 기울였는지, 그리고 그런 노력을 통해 내가 무엇을 배우고 느꼈는지를 구체적으로 작성하라는 것이다. 공부 방법을 구체적으로 설명하다 보면 배우고 느낀 점을 제대로 쓰지 못하고 1,000자를 채우는 경우가 많다. 사례보다 그 사례를 통해 내게 어떤 변화가 있었는지를 작성하는 것이 가장 중요하다.

합격 선배의 자소서: 학습 방법

① 저는 공부하면서 자연스럽게 과목 간의 연계를 통해 공부하는 것이

효율적임을 알 수 있었습니다. 독서 시간에 비문학 지문에서 접하게 된 생소한 개념을 다른 과목과의 연계를 통해 쉽게 이해하게 되었습니다. (중략) 이런 식으로 저는 공부할 때 단순히 한 개념이나 영역에 그치는 것이 아니라 제가 알고 있는 다른 지식과 연계하면서 융합적 사고를 향상시킬 수 있었고, 이를 통해 더 높은 성과를 이루어 낼 수 있었습니다.

② 저는 개념을 공부할 때 최대한 본질을 이해하기 위한 접근 방식을 선호합니다. 예를 들어, 그 개념이 어떻게 유래되었고, 정확한 정의는 무엇이며, 어떤 식으로 활용되고 있는지를 전반적으로 이해하고자 노력하는 것입니다.

평가

①번 사례는 공부할 때 과목 간의 연계를 중요시하여 융합적 사고를 향상시켰다는 것을 강조했다. 이처럼 단순히 특정 과목에 대한 것이 아니라 학습 과정에서 자신만의 차별화된 특징을 찾아 구체적인 사례와 함께 제시하는 방식도 가능하다.

②번 글은 개념에 대해 공부할 때의 접근 방식에 대해 다루고 있다. 위와 같이 과목을 통합적으로 언급하고 나서 이후 구체적인 사례를 2~3개 정도 다루어 확장성이 있다는 것을 보여 주는 방식으로 서술하는 것도 좋은 방법이다.

셋째, 탐구 과정을 통해 배우고 느낀 점이 무엇인지를 생각해 보라.

교과 학습뿐만 아니라 흥미를 느끼고 경험한 것 또한 좋은 학습이라 할 수 있다. 동아리 활동이나 진로 활동 중 의문을 가지고 자료를 조사하고 탐구하는 과정 또한 학업에 기울인 노력이기 때문이다. 만약 이런 활동을 통해 자신이 배우고 느낀 점이 있다면 구체적으로 정리해 보는 것이 필요하다. 의문을 가지고 노력했던 과정은 분명 다른 학생들과는 다른 나만의 차별성을 보여 줄 좋은 사례가 될 수 있다.

합격 선배의 자소서: 탐구 과정

① 이후에도 사회 이슈와 관련해 법을 탐구하는 일에 흥미를 느껴 다른 과목에도 이를 적용할 수 있었습니다. 생활과 윤리 과목에서는 생명 과학 윤리를 공부하며 장기이식 문제에 대해 관심을 갖고 '장기 등 이식에 관한 법률 시행령'을 찾아보면서 이식 가능한 장기의 종류, 뇌사판정의 기준, 윤리위원회의 구성 등에 대해 이해할 수 있었습니다. 이는 지식을 확장하는 것뿐만 아니라 윤리적인 관점도 고민할 수 있는 기회였습니다.

② 그 뒤 3차 방정식의 근의 공식을 찾아보았고, 유도 과정이 상당히 복잡하고 길어서 실제 방정식을 풀 때는 비효율적이라는 것을 알았습니다. 일반적으로 복잡하고 반복이 많은 경우, 컴퓨터 프로그래밍을

리더란 어떤 활동을 함께하면서 다른 친구들을 배려하고 올바른 방향으로 이끌어 주는 것을 말합니다. 모두가 원하는 결과를 얻기 위해 방향을 설정하고 협업을 하는 것은 반드시 '장'만 가능한 것은 아닙니다. 내가 어떤 리더십을 가지고 협동 활동을 했는지가 더 중요하며, 그런 사례를 바탕으로 자신의 리더십에 대한 생각을 표현할 수 있는 것이 진정한 리더 역할이라 할 수 있습니다.

_대학교 입학설명회 '리더 활동' 질문에 대한 답변 중

이용하면 시간과 노력을 줄일 수 있다는 생각이 들어 이 문제를 컴퓨터를 활용해 해결해 봐야겠다는 도전의식이 생겼습니다. (중략) 이렇게 2차원 배열 분야까지 학습한 후 3차 방정식을 해결할 수 있는 프로그램을 본격적으로 만들기 시작했습니다.

평가

①번 사례의 경우 자신의 진로인 법학 계열을 고려해 1번 항목을 작성했다. 다양한 과목에서 법과 연계할 수 있는 소재를 찾고 이에 대해 탐구하는 과정을 서술해 진로 적합성까지 부각시킬 수 있도록 노력한 것으로 보인다.

②번 사례는 교과 과정에서 다루지 않는 심화 내용에 대해 호기심을 갖고 스스로 그 문제를 해결하기 위해 프로그래밍을 활용한 과정을 보여주었다. 그리고 이를 바탕으로 교내 탐구대회에 참여하여 성과를 거두

는 등 본인의 적극적인 탐구 과정을 보여 주기 위해 노력한 모습이 드러
나 있어 긍정적으로 평가될 수 있다.

위의 세 가지 사례들처럼 자신이 배우고 느낀 점을 구체적으로 작
성한다면 '학업'이라는 주제로 나만의 '장점'을 보여 줄 수 있는 자소
서가 될 수 있을 것이다.

법칙 2
남이 아닌 나에게
의미 있는 경험이어야 한다

고등학교 생활을 하면서 많은 경험을 하게 된다. 이런 경험을 시작하게 된 계기는 학교에서 의무적으로 하는 활동이기에 뚜렷한 동기 없이 시작한 것과 주변에서 시키지 않았지만 주도적으로 활동을 시작한 것으로 나눌 수 있다. 이 두 가지 활동 모두 결과적으로 나에게 의미 있는 경험일 것이다.

그렇다면 의미 있는 경험이란 어떤 경험을 말하는 것일까?

첫째, 나의 생각과 행동에 변화를 이끌어 낸 활동이다.

적극적으로 활동에 참여하지 않았다면 의미 있는 경험이라 할 수 없다. 만약 의무적으로 한 활동과 스스로 선택해서 한 활동 모두 적극적으로 참여하고 활동했다면 분명 그 활동들을 통해 내가 배우고 느낀 점이 있을 것이다. 그리고 그 이후에도 적극적으로 참여하는 계기를 만들어 낸 활동으로 기억하게 될 것이다. 바로 이런 계기를 만들어 준 활동이 남에게는 그다지 내세울 만한 활동이 아닐지라도 나에게는 큰 의미가 있는 활동이라 말할 수 있다. 이런 활동은 분명 학교생활을 하면서 나의 생각과 행동에 변화를 일으켰을 것이다.

많은 학생들이 남들은 하지 않았던 경험만이 의미 있는 경험이라 생각한다. 그래서 교내 활동보다는 외부 활동이나 실적이 있는 활동만을 자소서 사례로 활용하는 경우가 많다. 하지만 자기 생각과 행동의 변화가 보이지 않는, 단순히 독특한 경험은 나만의 장점을 보여 줄 수 있는 사례로는 부적합하다. 누구나 경험한 활동이라 할지라도 나에게 의미 있는 경험이었다면 배우고 느낀 점을 중심으로 자소서 사례로 활용하기에 적합한 사례다.

합격 선배의 자소서: 생각과 행동의 변화

그 친구에겐 공부를 제대로 해 볼 수 있는 계기가 필요했던 것입니다. 사실 저는 경쟁보다는 협력이 중요하다고 생각해 왔지만 이 경험을 통해 각자 자신에게 맞는 동기 부여 방법이 있다는 생각이 들었습니다. 어떤 문제 상황에서도 하나의 답만 있다고 섣불리 판단하지 않고 여러 가지 해결 방안을 융통성 있게 고려해 보는 게 중요하다는 생각이 들었습니다. 그리고 교사가 되고자 하는 저에게는 학생들에게 공부에 대한 흥미를 자극시켜 줄 다양한 방법들을 고민해야 할 필요성을 느낄 수 있는 좋은 기회였습니다.

대부분의 학교에서 진행하고 있는 멘토-멘티 활동에 참여하면서 자기 생각에 변화가 생겼던 부분에 대해 서술하였다. 특별한 경험은 아니지만 이 과정에서 자신이 생각하는 교육과정에서의 동기 부여 방법이 너무 제한적이라는 점을 인식하고 이후 자신의 진로와 관련해 생각을 확장해 나가는 과정을 보여 주어 긍정적으로 평가된다.

둘째, 진로 설정에 있어 의미 있었던 활동이다.

많은 고등학생들이 자신의 진로에 대해 고민한다. 대학에서는 그런 고민을 어떻게 풀어 가는지 학생들의 동아리 활동이나 진로 활동, 교과 활동 등을 통해 유추해 본다. 그리고 전공을 선택한 이유에 대해 타당성을 확인한다.

자소서를 작성하는 시기는 대부분 자신이 지원하려는 대학이나 전공을 선택한 시점이다. 그리고 진로의 방향성 또한 남들에게 말할 수 있는 수준인 경우가 많다. 진로의 방향성을 찾기 위해 다양한 경험과 학습을 진행하면서 많은 고민을 했을 것이다. 자신이 지금까지 진로에 대해 고민하고 경험한 것 중 가장 의미 있었던 경험이 바로 자소서에 작성할 수 있는 사례이다.

고등학교에 입학하면서 자신의 진로를 미리 결정하고 그에 맞는 활동을 이어온 학생이 있는 반면 고3이 되었는데도 자신의 진로에 대해 명확하게 결정하지 못한 학생들이 있다. 하지만 결국 자신이 지원하려는 학과를 결정하기 위해 고민했던 경험 중 가장 중요했던 사례를 중심으로 자소서를 작성한다면 배우고 느낀 점을 중심으로 사례를 정리하는 것이 어렵게만 느껴지지는 않을 것이다.

합격 선배의 자소서: 진로 설정

저는 이 프로젝트를 통해 구조물 설치와 주거지역 중심의 조경에서 더 나아가 주요 구조물의 설비 기준에 대한 가이드라인이 필요하다는 점을 느꼈습니다. 이후에 저는 도시 전체를 아우르는 친환경적인 조경 기획을 담당하는 조경기술자라는 꿈을 갖게 되었기에 ○○ 프로젝트는 저에게 가장 의미 있었던 활동이라고 생각했습니다.

평가

지역적 특성이나 환경에 관한 활동 역시 동아리나 학교 수행평가에서 자주 진행되는 활동이다. 하지만 이 학생의 경우 이 활동이 조경기술자라는 자신의 진로를 구체화하는 데 큰 역할을 했기 때문에 이 활동을 선정해 구체적인 의미를 부여하는 방식으로 사례를 서술했다. 특히 진로 결정이 늦어진 경우라면 진로를 결정하는 과정에서 영향을 미쳤던 소재들을 떠올리면서 진로 과정을 서술하면 진정성을 높일 수 있다.

셋째, 자신이 성장하는 데 있어 큰 변화를 만들어 준 경험이다.

학업이나 진로와는 관련이 없지만 자신이 했던 경험을 통해 배우고 느낀 점이 있거나 행동의 변화를 일으킨 사례가 있을 것이다. 예를 들어 봉사 활동이나 체육, 음악, 미술 활동을 통해 자신의 가치관이 변화된 사례나 새로운 지식을 얻어 행동에 변화를 일으킨 활동도 분명 의미 있는 경험이 될 수 있다.

자소서에 사용될 의미 있는 경험은 반드시 학업을 통해 얻은 경험이나 진로와 연관성 높은 것만 의미 있는 경험은 아니다. 남들이 보기에는 중요하지 않은 경험일지라도 자기 생각과 행동에 변화를 일으킨 경험이야말로 가장 차별화된 경험이라 할 수 있다.

자신에게 의미 있는 경험은 타인이 평가하는 것이 아니라 스스로 생각할 때 나에게 변화를 준 경험이면 의미 있는 경험이다. 그리고 그런 경험을 통해 내가 배우고 느낀 점과 행동에 변화를 일으킨 사례를 보다 더 구체적으로 작성해 입학사정관이 볼 때 이 학생에게만큼은 큰 의미가 있었구나라고 생각하게 만들 수 있다면 가장 차별화된 경험이라 할 수 있을 것이다.

합격 선배의 자소서: 성장과 변화

글로벌이슈탐구반 ○○○에 가입하여 관련 활동을 적극적으로 진행했습니다. (중략) 이를 통해 경제적으로만 빈곤국을 지원할 수 있다고 생각해 왔던 점을 반성하게 되었으며, 이러한 정보를 쉽게 얻을 수 있으면 좋을 것이라는 생각이 들었습니다. 빈곤국 지원의 경우 금전적 기부만이 아니라 교육적 지원이나 의료복지 보조 등 다양한 방식의 지원이 가능하기 때문입니다. 따라서 이러한 중요한 정보를 정확하게 여러 사람에게 전달해 주고 싶은 생각이 들었고, 구체적으로 시사 이슈 프로그램의 PD가 되어 이 역할을 해야겠다는 목표의식을 갖게 되었습니다.

평가

여러 이슈에 대해 탐구한 경우 자신의 진로와 연계해 더 깊이 있는 생각을 할 수 있도록 도와준 이슈에 대해 구체적으로 설명하는 것이 좋다. 위 사례의 경우 일반적으로 생각하는 빈곤국 지원이 재정적인 부분에만 한정 지을 것이 아니라 교육, 의료 및 복지 서비스 등을 포괄해야 한다는 점을 깨닫고 이를 자신의 진로인 시사 분야 PD 직무와 연계해 대중에게 알기 쉽게 전달하겠다는 목표를 갖게 된 사례이다. 이처럼 긍정적인 방향으로 변화된 가치관이나 사고의 변화를 논리적으로 서술할 수 있어야 한다.

법칙 3
리더십은 반드시 회장이어야만
보이는 것은 아니다

명문대에 합격한 학생들의 합격 수기를 살펴보면 '고등학교 생활을 정말 치열하게 했구나'라는 생각을 하게 된다. 교과 학습, 즉 내신성적을 최상위권으로 유지하면서도 진로와 연관된 활동을 꾸준히 진행하고, 봉사 활동과 독서도 다른 학생들에 비해 더 많은 시간을 할애할 뿐만 아니라, 다양한 활동을 하면서 리더로서 항상 다른 친구들을 이끌어 주는 모습까지 보이니 과연 우리 아이가 또는 내가 저렇게 할 수 있을까라는 의문이 들 정도이다.

특히 상위권 학생일수록 학급회장 같은 리더 역할을 하는 것이 필수 코스라는 인식이 자리 잡았다. 뿐만 아니라 대학교에서 내세우는 인재상에서 '올바른 리더'를 육성하는 것을 중요하게 생각하기 때문에 회장 역할을 억지로 하는 경우도 많다.

하지만 대학교에서 확인하고 싶은 것은 어떤 모임을 이끄는 것이 아니다. 특정 활동에서 모임의 '장' 역할을 수행함으로써 일반 학생들에 비해서 많은 시간과 노력을 투자했다는 점은 인정하겠지만, 그것이 무조건 리더 역할을 수행했다고 보는 것은 아니다. 그리고 많은 학생들이 이 부분을 리더 활동 경력으로 자소서에 작성하기 때문에 리더 역할에 대해 잘못된 생각을 갖게 되는 경우가 많다.

고등학교 생활을 하다 보면 자신이 어떤 결정을 하거나 책임을 져야 할 상황이 생길 것이다. 그런 상황에서 개인의 욕심만 채우는 것이 아니라 모두가 원하는 결과를 얻기 위한 방향으로 의사결정을 하고 진행해 나가는 모습 또한 리더의 참 역할이라고 할 수 있다.

자신의 노력으로 인해 친구들이 도움을 얻었거나 올바른 방향으로 갈 수 있었던 경험 또한 리더 역할을 했다고 볼 수 있다. 꼭 앞에 나서서 이끄는 모습뿐만 아니라 자신의 행동이 다른 친구에게 긍정적 영향을 미친 경우 역시 리더십이라 평가한다.

누구에게나 리더 역할을 할 상황이 발생한다. 그런 상황에서 자신이 어떤 행동과 결정을 했었는지, 그런 과정에서 어떤 영향력을 발휘했는지를 확인하는 것이 리더 역할을 수행한 사례로 가장 적절하다 할수 있다. 그리고 더욱 중요한 것은 내가 의사결정을 하게 된 기준은 무엇이었고, 어떤 리더가 가장 올바른 리더라고 생각하는지에 대해서 구체적으로 작성하는 것이다.

합격 선배의 자소서: 리더십

① 저는 학급회의 과정에서 양측 의견을 대변할 친구들을 앞으로 불러 이야기했습니다. 이를 통해 서로의 상황을 어느 정도 이해하고 조금

씩 양보할 의사가 있다는 것을 확인할 수 있었습니다. 양측 모두 만족할 수 있도록 저는 월, 금요일 점심시간에는 반에서 자습할 수 있도록 조용한 환경을 유지하도록 하고, 그 외 요일에는 자유롭게 활동하자는 절충안을 제시했습니다. 다행히 양측은 큰 반발 없이 이를 받아들여 주었고, 이것은 저희 반의 중요한 규칙 중 하나가 되었습니다. 이 규칙을 알게 된 다른 반 친구들도 월, 금요일에는 저희 반에 와서 자습을 하게 되었습니다. 사실 처음에는 누군가 대신 이 문제를 해결해 줬으면 하는 생각도 들었고 시간이 흐르면 그냥 지나갈 것이라는 생각도 들었습니다. 하지만 제가 속해 있는 반의 문제를 적극적으로 인식하고 친구들과 소통하고 해결 방안을 고민하면서 조직 내 리더의 역할이 중요하다는 것을 깨달았습니다. 앞으로도 저는 친구들의 작은 의견이라도 귀 기울여 듣고 '가만히 있으면 변화도 없다'는 생각을 되새기면서 문제 해결과 상황의 개선을 위해 적극적으로 행동할 것입니다.

② 밴드의 특성상 한 명이라도 연습하지 않으면 조화로운 연주를 할 수 없기 때문에 부원들의 적극적인 참여가 필수적입니다. 하지만 동아리 부장은 바쁜 일정 때문에 역할을 제대로 수행하기가 어려웠고 부원 중 일부는 이를 이용해 자신들이 열심히 하지 않는 것을 합리화했습니다. 이 상황을 바로잡아야 한다는 생각이 들어 부장의 역할 중 합주실 예약, 지원금 서류 작성, 포스터 제작 등 할 수 있는 일을 나눠서 하자고 부원들에게 제안하고 제가 먼저 일을 시작했습니다. 처음

에는 비협조적이던 부원들도 조금씩 함께하기 시작했고 부장도 그
모습을 보고 더 노력하는 모습을 보였습니다. 서서히 밴드의 분위기
가 좋아졌고 갈수록 더 멋진 연주를 할 수 있었습니다. 이 과정에서
갈등이 발생했을 때 서로의 잘잘못을 따지는 것보다 근본적인 원인
을 찾아 개선하는 것이 더 중요하다는 것을 깨달았습니다. 또한 앞으
로도 구성원 각자 주인의식을 갖도록 하는 과정에서 제가 맡은 악기
인 드럼처럼 눈에 띄지 않게 세션을 리드할 수 있는 역할을 맡아 문
제를 해결해 나가고자 합니다.

평가

①번 학생의 경우 학급 부회장 역할을 맡긴 했으나 직책에 대한 언급보
다는 학급의 특정 문제를 어떻게 해결했는지를 구체적으로 설명하고,
그 과정에서 자신이 깨달은 리더의 역할을 서술했다. 또한 그 과정에서
의사결정의 기준을 제시하고 합의를 이끌어 냈으며 자신의 반 외 다른
반까지 영향력을 미쳤던 것도 강조하였다.

②번 사례는 동아리 활동 내에서 주도적으로 문제를 해결하기 위해 노력
하고 협업이 원활하게 이루어질 수 있도록 한 리더 역할 사례를 보여 주
고 있다. 동아리를 이끄는 부장은 아니지만 자신이 소속된 동아리를 위해
솔선수범하는 모습을 보여줌으로써 어떤 상황에서든 공동체의 성과를
위해 적극적으로 노력할 것이라는 긍정적인 이미지를 심어 준 사례다.

법칙 4
배려와 나눔, 봉사에서 중요한 것은
생각과 행동의 변화다

배려와 나눔, 봉사 등에 관련된 주제는 보통 자소서 공통 질문 2번에 해당되는 주제다. 자신의 '인성' 부분을 어필하는 문항이기 때문에 어떻게 작성해야 할지에 대해 많이 고민할 수밖에 없다.

고등학교 때는 누구나 자신이 지원하려는 전공과 연관된 봉사 활동을 하고자 한다. 그래야 자신을 더욱 돋보이게 할 수 있다고 생각하기 때문이다. 하지만 막상 전공과 연관된 봉사 활동을 구하는 게 쉽지 않다. 봉사 활동은 크게 학교 내에서 진행하는 봉사 활동과 외부에서 자신이 선택한 경우로 나뉜다. 교내 활동은 대부분 청소 활동이 많고, 그다음이 행사 보조역할을 하는 것이다. 외부 활동은 양로원이나 장애인 복지 시설 등 도움이 필요한 곳에서 신청 접수한 후 활동을 진행한다. 봉사 활동을 통해 특별한 사례를 만들기란 쉽지 않다. 활동할 수 있는 범위가 한정되어 있기 때문이다.

배려와 나눔에서 가장 중요한 것은 자신이 상대방에게 무언가 도움을 줄 수 있는 사례를 만들기 위해 노력해야 한다는 것이다. 가장 많이 하는 것이 교과 내용을 제대로 이해하지 못하는 친구에게 학습 멘토링을 해 주는 활동이다.

앞에서 언급한 것처럼 많은 학생들의 봉사나 나눔, 배려 활동 사례는 비슷한 경우가 많다. 그렇다면 이런 상황에서 남과는 다른 나만의 모습을 보여 줄 방법은 무엇일까?

첫째, 활동을 진행하면서 고민한 흔적 또는 과정을 진정성 있게 보여 주는 것이다.

봉사 활동은 비슷한 영역에서 반복적으로 진행되는 경우가 많다. 학생들은 활동이 길어질수록 시간 때우기 식으로 하는 경우가 많다. 이 부분을 대학교 입학사정관들도 잘 알고 있기 때문에 꾸준히 활동을 진행하면서 어떤 문제점을 확인했고 어떻게 변화를 이끌어 냈는지를 집중적으로 보려 한다.

즉 내가 적극적으로 활동하면 자연스럽게 보이는 부분이 바로 문제점이다. 자신이나 같이 활동하는 친구들에게서 보여지는 아쉬운 부분이나 개선해야 할 점을 어떻게 보완해 나갔는지를 정확히 표현하는 것이 중요하다.

둘째, 활동을 진행하면서 변화된 자기 생각과 행동에 대해 구체적으로 작성하는 것이다.

적극적으로 봉사 활동을 진행하면 분명 자신이 평소에 가지고 있었던 생각이나 행동에 변화가 나타날 것이다. 그런 활동으로 인해 내게 어떤 생각과 행동의 변화가 있었는지를 구체적인 사례와 같이 언급한다면 분명 같은 활동을 한 경우에라도 나만의 특징이 살아 있는 자소서가 될 수 있다.

즉 배려, 나눔, 봉사 등을 주제로 자소서를 작성한 글을 보면 대부분 내용이 겹치고 비슷한 경우가 많다. 이런 경우에는 대부분 사례 중심으로 작성했기 때문이다. 하지만 사례보다 생각과 행동의 변화를 중점적으로 작성한다면 분명 같은 주제라 할지라도 자신만의 특별한 모습을 보여 줄 수 있는 좋은 자소서를 작성할 수 있을 것이다.

합격 선배의 자소서: 배려와 나눔, 봉사

(생략) 저는 그중에서도 한글을 영어로 변환하는 후원자 편지 번역을 맡았습니다. 처음에는 예전처럼 문장을 정확히 번역하는 데 집중하면 된다고 생각했으나 시간이 지날수록 생각이 점차 바뀌었습니다. 편지 번역은 후원자의 감정을 후원하는 어린이에게 글로 전달하는 것입니다. 이는 떨어져 있는 두 사람 간의 관계를 이어 주는 중요한 역할이기 때문에 편지 내용에 감정 표현을 적절하게 담을 수 있도록 노력했습니다. 사용하는 단어 하나하나까지 고민하면서 더 나은 표현을 찾는 과정이 힘들기도 했지만 후원자의 편지를 받고 기뻐할 아이의 모습이 떠올라 포기하지 않을 수 있었습니다. 또한 중간에서 소통을 돕다 보니 후원자의 감정에 집중하게 되면서 후원 어린이에게 보내는 응원의 편지가 제게도

힘이 되는 경험을 했습니다. 이렇게 편지 번역 봉사 활동을 통해 재능을 나누는 것은 받는 사람뿐만 아니라 나누는 사람에게도 행복을 준다는 것을 알 수 있었습니다. 또한 나눔이 단순히 물질적인 것뿐만 아니라 감정의 전달도 포함한다는 것을 깨닫도록 해 주었습니다.

평가

자신의 영어 실력을 활용해 봉사 활동을 한 사례다. 일반적인 사례에 비해 약간의 특수성이 있긴 하지만 이 역시 과정에 대해 의미를 부여하는 것이 중요하다. 처음에는 정확하게 번역하는 것에만 집중했지만 나중에는 편지를 주고받는 사람들의 감정에 집중하면서 공감 능력이 향상되었음을 보여 주고 있다. 이처럼 단순히 베푸는 행위 자체보다 이 과정에서 생각이나 행동의 변화가 어떻게 이루어졌는지를 효과적으로 드러내는 것이 중요하다.

법칙 5
대학 입학 후 계획은
학과 활동이 아닌 진로 계획이어야 한다

자소서 질문 중에서 대학교 입학 이후의 계획이나 자신의 진로 계획에 대해 물어보는 경우가 있다. 이 질문은 공통 질문 문항에 있는 것이 아니라 학교별 개별 문항, 즉 3번 문항에서 주로 물어보는 질문이다. 이런 문항을 작성할 때 가장 염두에 두어야 할 것이 바로 지원하는 학과에 대한 계획을 작성하는 것이 아니라는 것이다. 바로 자신이 생각하고 있는 진로 계획을 구체적으로 서술해야 한다.

많은 학생들이 자소서 3번 질문에 대해 고민할 때 자신이 지원하는 학과를 가기 위해 다양한 경험을 했다고 강조한다. 하지만 입학사정관들이 3번 문항을 읽을 때 그 학과에 적합한가를 판단하는 것도 있지만, 그보다 더 중요하게 생각하는 것이 바로 지원자가 생각하는 진로의 방향성이 무엇이고, 어떤 목표를 가지고 있느냐다. 지원자가 세운 목표와 우리 학과와의 연관성을 찾기 위함이다. 고등학교 생활을 하면서 다양한 활동과 탐구 학습을 진행한 결과물은 생기부에 이미 자세히 나와 있다. 물론 이런 활동들을 통해 자신이 배우고 느낀 점을 더욱 강조하기 위해 4번 문항을 활용하는 것도 좋은 방법이 될 수 있다. 하지만 그 전에 내가 생각하고 있는 진로 방향과 목표가 구체적으로 드러났는지를 확인해 봐야 한다.

입학 후 계획에서 중요하게 보여줘야 할 것은 크게 2가지로 요약할 수 있다.

첫째, 자신의 진로 방향성을 보여 줘야 한다.

내가 대학에 입학하기 위해 어떤 노력을 해 왔는지는 사실 자소서 1, 2, 3번 문항에서 충분히 어필할 수 있다. 하지만 내가 어떤 목표를 가지고 노력할 것인지에 대한 미래 계획은 구체적으로 보이지 않는다. 그렇기 때문에 대학교에서는 자체 질문 문항을 통해 진로 계획을 물어보는 것이다.

미래 계획은 대학교뿐만 아니라 졸업 후의 계획까지 언급하는 것이 좋다. 구체적이진 않더라도 어떤 방향성을 가지고 노력할 것인지에 대해 쓴다면 입학사정관은 지원자가 우리 학과에 지원한 이유와 대학교에 입학한 후 어떤 노력을 할 것인지에 대해 구체적으로 이해할 수 있기 때문에 훨씬 유리한 자소서가 될 수 있다.

둘째, 입학 후 자신의 학업 계획에 대해 구체적으로 언급해야 한다.

학업 계획은 전공과목 학습과 관련된 것뿐 아니라 어떤 활동을 어떻게 할 것인지 구체적으로 언급하는 것이 좋다. 먼저 내가 지원하는 대학과 학과에서 어떤 학습을 하고 어떤 활동을 할 수 있는지 미리 자료를 조사해 구체적으로 이해하는 것이 필요하다. 같은 학과라 하더라도 대학별로 목표로 하는 방향성이 조금씩 다르기 때문이다. 학교가 지향하는 목표를 정확히 이해하고 있다는 것은 성적에 맞춰 대학에 지원한 것이 아니라, 자신이 이루고자 하는 목표를 위해 구체적인 계획하에 이 학교에 지원했다는 것을 충분히 어필할 수 있는 좋은 기회다.

입학 후 계획은 어떤 공부를 어떻게 할 것인지만을 작성해서는 안 된다. 내가 생각하고 있는 진로 목표에 도달하기 위해 어떤 노력을 할 것인지에 대해 구체적으로 작성하는 항목이다. 그렇기 때문에 학업 계획뿐만 아니라 다양한 활동 계획도 서술하는 것이 좋다. 고등학교 때 공부만 한 것이 아니라 진로 활동을 위해 동아리와 봉사 활동을 한 것처럼 말이다. 내가 어떤 진로를 가지고 있고 어떤 목표를 세웠는지 구체적으로 생각했다면 이 질문은 어렵지 않게 작성할 수 있을 것이다.

합격 선배의 자소서: 입학 후 계획

(생략) 그 외에도 함께하는 일의 가치를 느낄 수 있는 활동에도 참여하고자 하며 법학과 내 전공 동아리인 헌법학회 활동이 여기에 적합하리라 생각합니다. 이곳에서 법학 공부 중 어려움을 느끼는 부분에 도움을 받고 서로 의견을 교환하며 지식을 확장해 나가고 싶습니다. 또한 모의헌법재판 활동을 통해 다양한 주제로 모의재판을 경험하며 사회를 바라보는 통찰력을 키우고 싶습니다. 국가정책연구원은 국민의 요구를 항상

귀담아듣고 이를 반영하기 위해 노력해야 하기 때문에 공적 봉사 정신이 필수적입니다. 따라서 학교 가족봉사단에서 지속적으로 진행했던 해외 어린이를 위한 봉사 활동 경험을 바탕으로 국제봉사단 활동에 적극적으로 참여할 것입니다.

평가

국가정책연구원이 되고자 하는 본인의 진로 목표를 위해 대학 입학 후 어떤 활동에 적극적으로 참여하고 싶은지에 대해 서술하였다. 단순히 전문 지식을 쌓겠다는 내용에 그치는 것이 아니라 학과 홈페이지에서 적극적으로 탐색한 헌법학회 활동이나 모의헌법재판 활동 등에 대한 정보를 활용해 자신의 진로를 위해 필요한 능력을 계발시켜 나갈 계획을 제시했다.

법칙 6
학과 지원 동기와 과정은
자기 생각의 변화를 중심으로 작성하라

자소서를 작성할 시점이 되면 대부분의 학생은 불안해지기 마련이다. 학기 초에는 입시가 크게 와 닿지 않지만 시간이 지날수록 불안감은 커지고, 원서 쓸 시점이 되면 빨리 입시가 끝나기만을 바랄 것이다. 그렇기 때문에 자소서를 미리 작성해 놓지 않으면 그런 불안한 마음이 자소서에 드러날 수 있다. 특히 학과 지원 동기를 쓸 때 그런 느낌이 더욱 강하게 전달되곤 한다.

학과 지원 동기를 쓸 때 가장 먼저 해야 할 것은 자신이 지원하는 학과의 특성을 이해하는 것이다. 전공이 동일하다고 해서 모든 학교의 교재나 수업 진행방식 또한 동일한 것은 아니다. 대학교마다 추구하는 방향이 다를뿐더러 학과 교수의 연구 분야에 따라서도 학습 내용이 달라진다. 따라서 내가 지원하는 대학교와 학과에서 어떤 교육을 목표로 하는지 자료를 조사하고 정확하게 이해하는 것이 필요하다. 학교나 학과 특성을 무시한 채 자소서를 작성할 경우 전공과는 전혀 연관성 없는 내용으로 지원 동기를 말하는 경우가 종종 발생하기 때문에 학기 초부터 미리 지원할 학과 특성을 조사하고 이해하는 것이 중요하다.

그다음으로 확인해야 할 것은 고등학교에서 진행한 교과와 비교과 활동 중 지원하고자 하는 학과와의 연관성을 찾는 일이다. 동아리 활동, 자율 활동, 봉사 활동, 교과 심화 활동 등 다양한 활동을 해 왔기 때문에 자신이 지원하고자 하는 학과에 들어가기 위해 노력했던 과정은 손에 꼽을 수 없을 정도로 많을 것이다. 그중 가장 중요하게 언급할 수 있는 사례가 무엇인지 결정하는 것이 자소서를 작성하기 위한 가장 중요한 단계라 할 수 있다.

사례가 결정되면 세부적으로 내용을 정리하는 것도 중요하지만 더 중요한 것은 그 활동이 자신에게 어떤 의미가 있었는지 구체적으로 표현할 방법을 결정짓는 것이다. 자소서를 작성할 때 가장 많이 생각해야 할 것이 경험을 통해 내가 배우고 느낀 점을 구체적으로 표현하는 것이다.

어떤 활동이 의미가 있다는 것은 내가 그 활동을 통해 변화된 점이 있다는 뜻이기도 하다. 그렇기 때문에 내가 어떤 것을 배우고 느꼈는지, 또는 어떤 행동의 변화가 있었는지를 구체적으로 작성할 수 있는 사례가 의미 있는 사례라 할 수 있다. 자신이 활동한 노력을 표현하는 것도 많은 사례를 보여 주기보다는 자신이 진로에 대해 어떤 목표를 가지고 있고, 특정 활동을 통해 어떤 변화가 있었는지, 그리고 이런 경험이 지원하는 학과의 학습을 진행하는 데 어떤 도움이 될지를 작성하는 것이 핵심이다.

위의 내용이 확실하게 전달되기 위해서는 구체적인 활동 내용보다는 생각의 변화 중심으로 자소서를 작성해야 한다. 서류를 평가하는 입학사정관은 활동 자체보다 활동을 통해 변화된 점을 더 높게 평가하기 때문이다. 사례를 돋보이게 쓰려 하거나 특이한 사례를 찾으려 하지 말고 생각의 변화를 제대로 표현할 수 있는 사례를 찾아 작성하기 바란다.

합격 선배의 자소서: 학과 지원 동기

① 평소 사회문제에 관심이 많았던 저는 《청소년을 위한 사회학 에세이》라는 책을 읽고 우리 사회 전반에 미치는 법의 영향력이 크다는 것을 깨달았습니다. 이처럼 법과 사회가 밀접하게 연결되어 있기 때문에 이와 관련된 활동을 하면서 통합적인 지식을 쌓으려 노력했습니다. 특히 개인정보보호와 알 권리 간의 충돌로 자주 다뤄졌던 '잊혀질 권리의 법제화'를 조사해 발표하고 대선과 관련해 문제가 됐던 '가짜 뉴스의 피해사례와 해결 방안'에 대해 기사를 써보는 과정을 통해 사회적으로 이슈가 되는 문제들을 헌법적 관점으로 바라보는 기회를 가질 수 있었습니다. 이 경험들로 인해 앞으로 법에 대한 지식을 바탕으로 사회문제를 분석하고 관련된 정책들을 제안하는 국가정책 연구원이 되고 싶다는 목표가 생겼습니다.

② 강연과 책을 통해 미래사회는 기계가 인간의 일을 대부분 대체한다는 내용을 접하면서 기계공학에 대한 관심이 생겼습니다. 단순히 인

간의 대체가 아닌 삶의 질을 높일 수 있는 기계를 연구하는 공학자가 되고 싶었습니다. 그리고 고등학교 3년간 봉사 활동을 하면서 몸이 아프거나 거동이 불편하신 분들을 많이 만났고, 이분들께 도움을 드리기 위해 기계공학을 활용하면 좋을 것이라는 생각이 들었습니다. 특히 나노 기술을 접목한 로봇을 만들면 몸 내부를 순환하며 질병을 치료할 수 있을 것이라는 관련 기사를 흥미롭게 읽었습니다. 이것이 가까운 미래에는 가능할 것이라고 생각하며 저도 조금이나마 도움이 되고 싶어 기계공학과에 지원하게 되었습니다.

평가

①번 학생의 경우 고등학교 초에는 진로 목표가 사회학 연구원이었으나 이후 국가정책 연구원으로 변경하면서 법학과 진학을 희망하게 되었다. 이런 과정을 서술하기 위해 법이나 정책이 사회에 미치는 영향력이 크다는 점을 깨닫고 통합적인 지식을 쌓는 과정에서 사회 이슈에 대해 법학적 측면에서 바라보는 경험을 하게 되었다고 강조했다. 즉 사회학이라는 폭넓은 분야에서 자신의 관심 분야를 축소하거나 변형하는 과정을 통해 교내 경험들을 유기적으로 연결하고 전달하는 데 초점을 맞췄다.

②번 사례는 교내에서 경험한 전문가 강연, 자신이 읽었던 책 등을 통해 기계공학에 대한 관심을 키우게 되었고, 여기에 꾸준히 봉사 활동했던 과정과 연계해 나노 기술을 접목한 의료용 로봇을 개발하는 데 기여하

고 싶다는 구체적인 목표를 세우는 과정 등을 보여 주었다. 자신의 진로를 고등학교 초에 이미 결정한 경우 이처럼 스스로 진로를 탐색하고 여러 경험을 바탕으로 진로에 대한 생각을 구체화해 가는 스토리를 만드는 과정 또한 매우 중요하다.

법칙 7
지원자를 선발해야 하는 이유를
진로와 연계해서 설명하라

대학교에서 서류 통과 후 면접을 진행할 때 가장 많이 물어보는 질문이 바로 "우리 학과에 지원한 이유는 무엇인가요?"이다. 만약 이 질문을 압박 면접 방식으로 바꾸면 "왜 우리가 학생을 합격시켜야 하는지에 대해 설명해 주세요"라고 할 수 있다. 둘 다 똑같은 질문이기에 답변 또한 같다.

자소서에도 자신이 우리 학과에 들어오기 위해 노력한 부분에 대해 작성하라는 질문이 있고, 지원자를 선발해야 하는 이유에 대해 작성하라는 질문도 있다. 이 두 질문의 답변은 크게 다르지 않다. 하지만 많은 학생들이 지원자를 선발해야 하는 이유에 대해 어떻게 답변해야 할지 막막해한다.

그래서 남과 다른 나만의 장점을 어필해야 한다는 생각에 그동안 노력한 결과물 중 가장 인정받을 만한 예를 찾는 경우가 많다. 하지만 이 질문에서 가장 중요한 것은 결과물이 아닌 자신이 어떤 진로 목표를 가지고 어떻게 노력해 왔는지를 설명하고, 그 과정에서 지원학과가 어떤 도움을 줄 수 있는지를 얘기해야 한다.

입학사정관은 우리 학교, 우리 학과에 들어오기 위해 열심히 노력했다는 표현에 감동하지 않는다. 그리고 그런 표현을 좋아하지도 않는다. 대학교 입학이 인생의 최종 목표가 아니기 때문이다. 더 중요한 것은 대학 졸업 후 어떤 목표를 가지고 노력할 것인지를 확인하고 싶어 한다. 그리고 그런 과정에서 우리 학과가 학생에게 어떤 도움을 줄 수 있는지를 생각하는 것이다. 그렇기 때문에 이 질문에 대한 대답 또한 나의 진로 목표에 대해 구체적으로 설명하는 것이 필요하다. 자소서에서 가장 중요한 주제는 바로 '진로'라 할 수 있다. 그래서 자소서를 작성하면서 계속해서 생각해야 할 것이 바로 진로와의 연관성을 보여 주는 것, 진로 목표를 설정하고 어떤 노력을 해 왔는지를 보여 주는 것이다.

학과와 연관성 있는 전문 용어를 쓰거나 잘 알지도 못하는 내용을 언급하면서 자신이 대학에서 배우는 수준 이상의 지식을 탐구하는 과정을 경험했다고 뻐기는 학생들이 있다. 물론 남과는 다른 심화 탐구 내용을 언급하는 것은 자신의 능력을 보여 주는 데 좋은 전략이 될 수는 있다. 하지만 이런 내용을 언급했다고 유리해지는 것은 아니다. 또한 이러한 내용을 언급할 때 자신의 진로와 어떤 연관성이 있는지를 구체적으로 설명할 수 있어야 한다. 단순히 경험만을 나열하면 활동 이유와 활동 후 어떤 생각의 변화가 있었는지를 확인하기 어렵기 때문에 신뢰도가 떨어진다. 따라서 반드시 자신이 했던 활동이 진로와 어떤 연관성을 가지고 있고, 어떻게 도움이 되었는지, 그리고 마지막으로 이런 활동을 통해 지원하고자 하는 전공에 대한 관심이 더욱 높아졌다는 방식으로 글을 쓰는 것이 필요하다.

① 공유경제는 사람들 간의 신뢰를 기반으로 한다는 점에서 사회적으로 가치가 있다고 생각합니다. 그래서 저는 사회운동가로서 새로운 주체가 되는 공유경제 컨설턴트가 되고 싶습니다. 현재 우리나라는 제도의 틀에 막혀, 이익집단의 방해 등을 이유로 다른 나라에 비해 공유경제의 성장이 더딘 상황입니다. 따라서 저는 사회운동으로 그치는 것이 아닌 현실적으로 경제를 활성화시키고 환경보호에 앞장서는 올바른 공유경제가 자리 잡히도록 하고자 합니다. 이를 위해 저는 공유경제 도입을 위한 신뢰 측정 방안을 고안하고, 실용 경제 시간에 창업대회에 출전해 사업을 직접 계획해 보는 등 제 역량을 키우기 위해 노력했습니다. 하지만 공유경제 컨설턴트가 되기 위해서는 아이템 발굴을 위한 기술 학습, 비즈니스 타당성 분석을 위한 전문 지식과 교육 및 컨설팅을 위한 전문 역량도 필요한데 이 영역을 스스로 공부하기에는 한계가 있었습니다. 따라서 ○○대학교 경영학과에 진학하여 이 영역에 대한 역량을 높이고 싶습니다. 특히 경영학은 다양한 영역의 전문 지식을 총체적으로 익힐 수 있는 기반이 되리라 생각합니다.

② 재생화학 연구원이 되기 위해서는 화학에 대한 전문 지식도 필요하지만 이런 화학 물질이 인체 또는 동식물에 어떤 영향을 미치는지 확인할 수 있는 지식이 필요합니다. 따라서 ○○대학교 화학생명공

학과 진학은 화학공학과 생명공학을 동시에 공부하고자 하는 제게는 너무나 매력적인 기회라고 생각했습니다. 제가 ○○대에 입학하게 되면 학교 내 체계적인 시스템과 교육과정을 적극적으로 활용하여 최대한 전문 지식을 쌓고 싶습니다. 또한 저와 같은 분야에 흥미를 가지고 있는 친구들과 교류하면서 함께 사회에 공헌할 수 있는 방법을 구체적으로 고민하고 싶습니다. 대학 졸업 후 사회에 진출해서도 쓰레기를 포함한 환경문제를 해결하고자 하는 목적을 가진 사람들과 함께 연구하면서 전 세계적으로 환경오염을 개선하여 삶의 질을 높이고 싶다는 목표를 가지고 있습니다.

평가

①번 사례는 자신의 꿈인 공유경제 컨설턴트가 되기 위해 지금까지 노력한 과정을 얘기하고 그 꿈을 이루기 위한 수단으로서 경영학과 진학을 목표로 하고 있음을 서술하고 있다. 단순히 특정 학과에 진학해서 열심히 하겠다는 것이 아니라 자신의 능력 중 현재 부족한 부분을 인정하고 앞으로 이를 계발하고 발전시키기 위한 방법으로 대학 및 학과에서 제공되는 수업과 참여 가능한 활동을 적극적으로 활용하겠다는 것이다.

②번 사례는 재생화학 연구원이 되기 위해 필요한 능력을 구체화하고 이를 위해 화학공학과 생명공학에 대한 커리큘럼이 갖추어져 있는 화

학생명공학과가 가장 적합하다는 것을 강조하였다. 또한 전문 지식 함양과 동시에 자신이 목표로 하는 환경오염 개선을 현실화하는 데 도움이 될 수 있는 사회 공헌 방법을 동료들과 함께 고민하겠다는 계획도 언급함으로써 단순히 혼자가 아닌 같은 목표를 가진 동료들과 해야 할 일에 대해서도 생각한다며 계획을 조금 더 확장해서 보여 준 좋은 사례다.

법칙 8
자신의 성격과 행동의 특징에 대해 구체적인 사례를 들어 작성해야 한다

이제는 많은 학교에서 자소서에 이 질문을 채택하진 않지만, 면접에서는 자주 등장하는 질문 중 하나다. 특히 교육계열 쪽 전공을 희망하는 경우 이 질문에 대해 구체적인 답변을 미리 준비해 놓는 것이 좋다. 성장 과정이나 가족 환경에서 가장 많이 언급되는 것이 부모님이 자신에게 준 영향력이다. 또는 부모님의 교육철학을 바탕으로 자신의 성장 과정을 표현하는 경우가 많다. 하지만 입학사정관이 궁금해하는 것은 부모님의 교육철학이 아니라 그런 환경에서 '본인이 어떻게 성장했느냐'이다. 자신의 장점이 어떤 과정을 통해 형성되었는지 현재 자신의 행동 특장점에 대해 자세히 작성하는 것이 필요하다. 즉, 자신의 변화를 중심으로 작성하되 직접적으로 보여 줄 수 있는 사례를 중심으로 작성해야 한다.

합격 선배의 자소서: 성장 과정

많은 것을 보고 느껴야 배움이 깊어진다는 생각을 가진 부모님 덕분에 어릴 적 주말이면 항상 전국 방방곡곡을 다니느라 바빴습니다. 그 과정에서 역사 체험이나 박물관 등을 다니면서 다양한 경험을 할 수 있었습니다. 또 오빠와 함께 책 한 권당 스티커 한 개 붙이기 방식으로 책 읽기 대결을 하면서 자연스럽게 독서량이 늘어났습니다. 이렇게 어린 시절부터 쌓은 직간접적인 경험은 공부하는 데 시야를 넓혀주었고, 배경지식이 되어 주었습니다. 특히 사회나 과학 과목에서 다른 친구들보다 내용을 더 빨리 이해할 수 있었고, 제 경험을 바탕으로 어려워하는 친구들에게 알기 쉽게 설명해 줄 수 있었습니다.

평가

성장 과정에서는 경험의 전문성보다는 다양성을 강조하는 것이 좋다. 이 사례에서는 부모님과 함께 국내 여러 지역을 여행하면서 체험한 과정, 오빠와 책 읽기 대결을 하면서 독서량을 늘렸던 경험을 서술함으로써 직간접적 경험을 폭넓게 쌓았다는 점을 강조하였다. 그리고 이 경험이 풍부한 배경지식으로 작용해 결과적으로 현재의 장점으로 부각시켰다. 성장 과정은 단순히 그 자체로서만이 아니라 현재의 능력 또는 미래 진로와 연계해야 하므로 이 연계가 자연스러운지, 설득력 있게 전달되는지가 가장 중요하다.

법칙 9
자신에게 영향을 미친 콘텐츠는
학교 경험과 연계해 작성하라

고등학교 생활을 하면서 수많은 콘텐츠를 보고, 듣고, 만들어 보는 경험을 하게 된다. 콘텐츠란 쉽게 말해 내용이 있는 모든 것을 말한다. 즉 내가 학교생활을 하면서 경험한 모든 것이라고 해석할 수 있다. 따라서 자신에게 영향을 미친 유, 무형의 콘텐츠가 무엇인지를 찾을 때 지금까지 학교생활을 하면서 나에게 영향을 미친 모든 경험을 대상으로 생각하면 된다.

위의 질문에 대해 많은 학생들이 질문하는 것이 바로 "꼭 학교에서 경험한 내용만 써야 하나요?"이다. 물론 학교에서 경험한 내용만 써야 하는 것은 아니다. 하지만 외부에서 진행한 대회 수상 실적을 언급하거나, 공인 시험 결과, 학교장이 인정하지 않은 외부 활동을 활용해 작성하는 것은 절대 안 된다. 요즘에는 소논문 작성도 활용하지 못하게 하고 있다. 즉 이렇게 활용하지 말아야 할 것을 제외하다 보면 결국 남는 것은 학교 내에서 활동한 것밖에는 안 남는다.

자신이 주도적으로 진행한 활동이나 보고서 제작 등을 언급할 수도 있지만 학교에서 진행한 진로 특강이나 선배와의 만남을 통해 자신이 변화된 점이 있다면 좋은 사례가 될 수 있다. 즉 결과물이 없더라도 자신에게 크게 영향을 미친 사례가 있다면 그것을 중심으로 자신이 어떤 변화를 겪게 되었는지 보여 주는 게 좋다. 이 질문 또한 사례보다 자신이 언급한 경험을 통해 어떤 생각과 행동의 변화가 있었는지, 또는 자신이 진로를 설정하는 데 어떤 영향을 미쳤는지를 중심으로 작성하는 것이 중요하다. 그리고 그 이후에 어떤 노력을 해 왔는지를 구체적으로 작성하는 것도 잊지 말아야 한다.

합격 선배의 자소서: 자신에게 영향을 미친 콘텐츠

① 병원체로 인해 발생하는 질병, 미생물을 이용한 질병 치료에 대한 수업을 듣고 자료를 조사하면서 세계 김치연구소 최학종 박사 팀에 의해 김치 유산균 락토바실러스 사케아이를 사용한 아토피 치료제가 개발되었다는 것을 알게 되었습니다. 특히 아이들에게 많이 발생하는 아토피를 스테로이드, 면역억제제, 항히스타민제 등과 같은 독한 약물 대신 김치로부터 분리한 유산균을 통해 치료한다는 내용이 인상 깊었습니다. 이는 다양한 지식의 융합을 통해 생긴 것으로 저 또한 특정 과목의 흥미와 성적 상승을 위한 노력이 아닌 다양한 영역에서 지식을 쌓고 적용해 나가는 훈련을 꾸준히 진행하였습니다. 이런 경험은 과학의 목적을 인식하고 과학적인 방법을 연구할 때 효과적이었습니다.

② '혁신에 감성을 더하다.' 애플의 아이폰 광고를 처음 보았을 때 중학생이던 저는 큰 충격을 받았습니다. 유명인사나 화려한 특수효과 없이 15초 만에 소비자의 뇌리에 아이폰이라는 제품명을 남기는 이 광고 때문에 저는 마케팅에 관심을 가지게 되었습니다. 그 후로 마케팅에 대해 더 깊이 이해하기 위해 관련 서적들을 읽으면서 마케터로서의 역할과 자질에 대해 생각해 볼 수 있었습니다. 그중에서 제가 가장 중요하게 여기는 것은 공감 능력과 창의성입니다. 저는 초등학생도 쉽게 공감할 수 있으면서도 기발하고 구매 욕구를 자극하는 마케팅을 하고 싶습니다.

평가

①번 사례는 학교 수업 내에서 다뤄진 특정 사례에 대해 능동적으로 조사하고 추가 정보를 얻는 과정을 통해 융합적 지식의 필요성에 대한 자신의 인식 변화를 보여 주고 있다. 별도의 결과물은 없지만 이로 인해 기존의 방법이 아닌 새로운 방법을 모색할 때 생각의 범위를 확장하고 다른 분야의 지식을 활용하는 방식을 익혔다는 점을 강조해 자신의 학습 방식에 대한 발전을 보여 주었다.

②번 사례는 애플의 아이폰 광고는 많은 사람이 인상적이라고 생각하지만, 이를 통해 마케팅이라는 진로를 정하게 됐다면 개인에게 특별한 콘텐츠가 될 수 있다. 그리고 이 경험 이후 마케터로서의 역할과 자질에

대해 고민하면서 진로에 대한 생각으로 이어졌다는 것 역시 중요하다. 하나의 경험보다는 자연스럽게 추가 경험을 이어서 서술하는 방식이 더 효과적이고 진로에 대해 끊임없이 노력했다는 것을 보여 주기에도 용이하다.

법칙 10
독서 활동 후 생각의 변화를 서술하거나
연계 활동으로 이어나가는 것이 좋다

독서에 대한 질문은 서울대학교만 실시하는 3번 문항이라는 게 특징이다. 자소서의 학교별 질문에 서울대가 독서에 대한 질문을 선택한 것은 그만큼 학생들에게 독서 활동이 중요하다는 것을 강조한다는 뜻이기도 하다. 자소서를 작성해야 하므로 독서를 하는 것이 아니라, 평소에 독서를 꾸준히 한 학생은 자소서를 작성하거나 면접을 볼 때 뭔가 다른 느낌이 든다. 독서를 통해 얻은 지식이 느껴지기 때문이다. 따라서 서울대학교를 지원하는 학생뿐만 아니라 고등학생이라면 누구나 꾸준히 독서 활동을 하는 것이 좋다.

독서에 대한 질문을 받으면 가장 고민하는 것이 바로 '어떤 책을 선정할 것이냐'이다. '생기부에 기록된 책을 활용할 것이냐, 그 외의 책을 주제로 작성할 것이냐', '주제를 다양하게 언급할 것인가, 전공에 연관된 주제를 집중적으로 언급할 것인가' 등 다양한 고민을 하게 된다. 이 질문에서 가장 중요한 것은 책의 종류가 아니다. 독서 후 나를 가장 크게 변화시킨 책이 무엇인지가 중요하다. 책의 주제가 전공과 연관성이 적어도 된다. 중요한 것은 내가 그 책을 선택한 이유를 구체적으로 표현할 수 있어야 한다. 작성할 때 유의해야 할 것은 책 내용을 중심으로 자소서를 작성해서는 절대 안 된다. 입학사정관은 그 책의 내용에 대해서는 전혀 관심이 없다. 학생이 이 책을 선정한 이유와 이 책을 읽고 어떤 생각 또는 행동의 변화가 있었는지를 확인하고 싶어 한다.

선정한 책은 자신의 진로를 결정하게 만든 계기가 된 책, 자신의 가치관을 변화시켜 준 책, 특정 영역에 관심을 갖게 만들어 준 책 등 다양한 이유가 있을 것이다. 그런 내용에 대해 구체적으로 작성한다면 분명 차별화된 독서 활동에 대해 작성할 수 있을 것이다.

합격 선배의 자소서: 독서

① 책을 읽기 전에는 청소년 범죄 기사를 보면 가정교육에 문제가 있다고 생각했습니다. 그러나 막상 사랑하는 자녀가 가해자가 된 어머니의 삶을 글로 읽고 나니 마음이 아팠고, 그리 단순한 문제가 아니라는 생각이 들었습니다. 그래서 책이 주된 소재로 삼는 부모의 입장보다 가해자인 아이 입장까지 이해하려 노력했습니다. 누구나 말하고 싶지 않은 것은 있기 마련이며 특히 우울증까지 걸렸던 아이는 누구에게도 의지할 수 없었을 것입니다. 하지만 자살에 대한 생각이 타살로 이어진 근본적인 원인을 밝혀내기는 어렵기 때문에 대신 아이의 상태를 사전에 인식하는 방법, 사건을 예방하는 방법을 고민했습니다. 그 결과 부모 외에도 학교와 사회 등 공동체의 관심과 전문가와

의 상담 장려, 정서적 환기를 위한 사회 장치 등 적극적인 방법을 모색해야 한다는 생각이 들었습니다. 이 책은 교육자로서 혹은 미래의 부모로서 아이의 상황을 다각도로 이해하려 노력하고 문제 상황을 민감하게 인식해야 할 필요성을 깨닫게 해 주었습니다.

② 여행은 돈을 소비하는 일이라고만 생각했던 저에게 세계일주로 돈을 벌고 경제를 배운다는 것은 매우 낯설게 느껴져 호기심이 생겼습니다. 억대 연봉을 포기한 애널리스트가 영국에서 5,000만 원으로 여행을 시작해 수단, 남아공, 인도, 중국, 멕시코 등을 거치며 물건을 사고팔아 6개월간 1억 원을 모아 여행을 마쳤습니다. 그의 성공비결은 투자액, 거래시한 등 제한조건을 준수하고 현지 상황을 철저히 분석한 것이었습니다. 고등학교 때, 자전거 국토종주 경험을 바탕으로 대학 진학 후 유럽 자전거 여행을 꿈꾸고 있었는데, 하루 이동 거리와 지출액 등에 관한 원칙과 조건을 세운다면 최소한의 비용으로 유럽 10개국 이상을 여행하는 것이 가능하리라 생각했습니다. 또한, 그가 여행을 통해 인맥, 신용, 흥정 등 실생활에서 경제를 배우는 것을 보며 책상에서 수식으로 계산하는 이론적인 경제도 중요하지만, 이를 실제 경제에 효과적으로 적용하는 것이 무엇보다 중요하다고 느꼈습니다.

①번 사례처럼 교육대학 또는 관련 학과를 희망하는 경우 교육학이나 교육 방법과 직접 관련된 책을 선정하는 경우가 많다. 하지만 이 학생의 경우 자신의 문제를 민감하게 인식하고 감성적인 측면까지 공감해야 한다는 점을 강조하고자 청소년 범죄 가해자의 부모가 쓴 책을 선정했다. 특히 부모의 아픔만을 언급하지 않고 이러한 사회 문제를 해결하기 위해 학교와 사회 등 공동체의 관심이 필요하다는 사실을 언급해 자신의 사고 범위가 확장되었다는 것을 보여 주었다. 이처럼 진로와 간접적으로 연계된 소재라 할지라도 그 핵심 내용에 대해 어떤 의미를 부여하느냐에 따라 좀 더 차별화된 생각을 보여 줄 수 있다.

학생들이 많이 읽는 책은 분야별 추천도서들이 대부분이다. 따라서 자신의 진로 방향을 구체화한 경우라면 많이 읽는 책이 아니더라도 진로에 대한 적합성을 기준으로 책을 선정하는 것도 의미가 있다. ②번 사례의 경우 자신이 좋아하는 여행과 목표 진로인 경제학자로서의 진로를 연계하였고, 기존의 자전거 국토 종주 경험을 한 단계 발전시켜 유럽 자전거 여행을 계획하고 있다는 점을 언급한 점 등이 인상적이다. 또한 이론적인 측면에서의 경제와 더불어, 실생활에서의 경제 활동에 대해 새롭게 알게 된 정보들 역시 책으로 얻을 수 있는 간접 경험을 잘 활용한 사례라 볼 수 있다.

자소서 단계별 작성법

고3 7월 초, 기말시험이 끝나고 나면 대부분 이런 생각을 하게 된다. "자, 이제 자소서를 써야 할 텐데……."

물론 그 전부터 미리 자소서를 준비하고 1차 작성해 보는 것이 바람직하다고는 하지만 막상 학생 입장에서 보면 3학년 1학기까지는 내신 관리와 비교과 활동을 우선시하게 될 수밖에 없으니 늘 뒤로 밀리기 십상이다. 그리고 막상 쓰려고 한글 문서를 열어 놓고 자소서 문항을 하나하나 들여다보면 막막하기만 하다. 무엇부터 시작해야 할지, 무엇을 써야 할지 떠오르는 게 없기 때문이다. 그렇다면 자소서를 잘 쓸 수 있는 방법은 없을까? 지금부터 소개하는 내용을 단계별로 차근차근 따라 한다면 자소서 쓰기가 그렇게 막막하지만은 않을 것이다.

① 글감 찾기

컨설팅을 받으러 온 학생들 대부분은 자소서에 쓸만한 소재가 없다고 말한다. 문항별로 무엇을 쓸지에 대해 생각하고 온 학생들은 거의 없다. 학생부종합전형에 대해 너무나 잘 알고 있고 분명 나름대로 준비도 해 왔을 텐데, 막상 자소서를 쓰려고 하면 마치 제대로 해 놓은 게 아무것도 없다는 느낌이 든다는 것이다. 이유는 분명하다. 안 한 게 아니라 정확히 기억나지 않는 것이다. 이런 경우 가장 중요한 것은 자신이 어떤 활동을, 왜, 어떻게 했는지를 최대한 떠올려야 한다.

아무리 해도 기억이 나지 않는다고 좌절하기 전에 자신의 학생부를 꼼꼼하게 읽으면서 기억의 실마리를 찾아내야 한다. 자소서의 기본 바탕은 진로에 대한 준비를 어떻게 해 왔으며, 여러 활동 등을 통해 자신이 어떻게 성장했는지가 기본적으로 들어가 있어야 하기 때문이다. 따라서 가장 먼저 염두에 두어야 할 것은 자신의 진로 희망 사항이다. 물론 2019년 고1부터 이 항목이 사라지긴 했지만 딱히 생기부에 기록하지 않더라도 반드시 한 번쯤은 작성해 두어야 할 내용이다.

예를 들어 사회학 분야에 관심이 있었던 학생의 경우 기본적으로 생기부에 이와 관련된 내용이 반복적으로 기록되어 있을 터이고, 이에 대한 활동들이 자소서에 포함되어 있어야 한다. 사회학과 관련된 동아리나 수행평가, 대회 참가 경험 등을 떠올리면서 글감을 선정해야 하는 것이다.

1, 2학년 때는 흥미와 관심 위주로 폭넓게 분야를 선정하여도 좋으나 3학년 때는 지원하려는 학과나 전공을 고려하여 해당 직업의 역할과 관련해 구체적인 방향성이나 목표를 구체화하는 과정이 필요하다. 앞에서 제시한 사례와 연결해 생각해보자면, 기존 사회학 분야에 대한 관심을 바탕으로 '사회문제에 대한 심층적인 연구를 통해 이를 해결할 수 있는 정책을 제언하고 싶다'라는 식으로 본인이 해당 직업에서 이루고자 하는 목표를 잘 드러낼 수 있는 방식이 바람직하며, 이런 생각을 하게 된 계기나 이유가 포함되어 있는 소재를 찾으면 더욱 효과적이다.

또한 만약 이 학생이 최종적으로 복지정책 연구원으로 진로 희망을 확정했다면, 사회학에서 복지정책 연구로 방향을 재조정한 원인이 자소서 내용에 잘 드러나도록 해야 한다. 바뀌게 된 계기가 되었던 책이나 활동, 경험 등이 구체적으로 드러날 수 있는 글감을 찾는 것이 좋다.

SKY 합격 선배의 자소서 글감 정리 (예시)

번호	항목	주제	핵심 내용
1	학습 경험	수학 우수 관련 활동	* 교내 수학경시대회 입상: 이과생들과 함께 경쟁한 수학경시대회에서 은상을 수상함 * 수학 동아리 MSG: 난이도 높은 문제를 직접 선별하여 풀고 발표하는 동아리 활동을 주도적으로 진행함
2	학습 경험	한국사에 대한 관심	* 주몽 이야기 UCC(문학 수행평가), 독도 UCC 제작 * 군함도 관련 발표

3	학습 경험	탐구하는 자세	* 무조건 수용하는 공부가 아닌 끊임없이 탐구하고 잘못된 것은 바로잡는 자세로 학습을 진행함 * 사례: ① EBS 수능특강 교재(동아시아사) 부적절한 사례 확인 후 오류 제보 ② 3학년 1학기, 중간고사 시험 중 오류를 발견하여 수정 ③ 수학 동아리 활동 중 대수 문제(최소값 구하기) 문제를 일주일간 고민하여 기하학적으로 해결함
4	학교생활	경제연구반 활동	* 동아리 가입: 2학년으로만 구성된 동아리에서 유일하게 1학년 때 가입하여 활동함 * 주요 활동: [1학년] '유럽발 경제 위기의 원인과 해결 방안'을 주제로 탐구 보고서 작성, 틴매경TEST 동아리 최강전 입상(우수상), [2학년] 연구반 부장 역임, '다국적 기업의 성공 사례와 폐해 극복 방안'을 주제로 소논문 작성
5	학교생활	자율동아리 개설 및 활동 사항	* 동아리 개설: 학교 친구들과 자전거 동아리 Bike Tour 개설 * 자전거 종주 진행: 국토 종주, 4대강 종주 * 종주 기록 포스팅: 총 1,300km의 자전거 기행문을 블로그에 포스팅 * 자율동아리 발표대회 장려상 수상
6	학교생활	수학 외 교내 경시대회 수상	* 1학년 때에도 각종 대회에 꾸준하게 참가했으나 입상하지 못함. * 2학년 입상 내역: 탐구토론대회(3위), 논술대회(1위), 정보검색대회(1위), 자율동아리 발표(3위)
7	나눔 배려 갈등 관리	사회적 약자에 대한 관심	* 1학년 때는 같은 반에 특수학급 친구가 두 명이었고 이 중 한 명과 이름이 같아 특별히 마음을 씀 * 2~3학년 장애인 학급 친구 도우미로 활동 * 외국인 근로자 무료 진료 봉사 활동 * 가평 꽃동네 장애우 돌봄 봉사와 국립재활원 장애 체험(감상문이 교내 문집에 기재)
8	나눔 배려 갈등 관리	친구들과 국토 종주 계획 및 실행	* 친구 네 명과 함께 국토 종주를 계획하고 실행하여 완주에 성공 * 종주 과정에서 각기 다른 네 명의 성향을 조율하는 역할을 함

9	기타(독서)	독서	*《세발자전거 타는 사람들》: 공기업 개혁에 관한 책을 읽고 2인 과제 연구 진행 * 그 외 전공 관련 도서:《세상이 우리를 원한다 경제 경영대》,《국부론》,《대한민국 경제사》,《경제학, 현실에 말을 걸다》,《자본주의》,《경영학 콘서트》,《경제학 콘서트》
10	기타 (진로 선택을 위한 노력)	경제 연구 활동	* 관련 대회 수상: 매경 NIE 경진대회(장려상), 고교 경제한마당(장려상) * 관련 인증 시험: 경제경영 이해력 인증시험 매경 TEST(우수), 경제 이해력 검증시험 TESAT(2급) * 연구 활동: '통계 및 경제적 요인에 의한 경제지표 눈속임'에 관한 1인 연구, '용돈과 매점 지출액'에 관한 탐구 보고서 작성 * 틴매일경제 학생 기자 활동
11	기타 (진로 선택을 위한 노력)	진로에 대한 관심	* 진로의 날 행사로 서울대 경제학과 탐방 후 진로에 대한 보고서 작성 * 서울대 랩 투어
12	기타 (좌절 극복)	온라인 경제 활동	* 수익 활동: 온라인 게임의 마켓시스템을 활용한 수익 활동(300만 원가량, 관련 내용 블로그 포스팅, 일 방문자 500명 이상, 총 방문자 50만 명) * 온라인 중고 거래: 스스로 번 수익으로 자전거를 구입하여 친구들과 국토 종주, 그 외 PC 등을 직접 거래하여 구입 * 사기 위험 경험: 온라인 중고 거래 과정에서 사기를 당할 뻔했으나 해결함. 온라인상에서 신용도를 인정받음
13	기타	UCC 제작 활동	* 독도 관련 UCC 제작 * 문학 수행평가로 주몽 이야기를 PC게임(GTA)으로 패러디한 UCC 제작(1위)

위 선배 사례에서도 알 수 있듯이 글감을 찾을 때는 어떤 문항에 활용하면 좋을지 생각해 두는 것이 좋다. 특정 문항에만 글감이 집중되지 않도록 카테고리를 나눠 최대한 다양하고 많은 사례를 활용할 수 있도록 노력해 보자.

자기소개서 문항 내용 변경 안내

2022학년도 대입부터 다음과 같이 자기소개서 공통 문항이 축소되었으며, 이 책에는 해당 내용들을 반영하여 구성되어 있다. 하지만 개인적으로 웹이나 관련 자료에서 선배들의 자소서 샘플을 참고하고자 할 때에는 변경 전의 사례인지 반드시 확인해야 한다.

2021학년도까지	2022학년도부터
1. 고등학교 재학기간 중 학업에 기울인 노력과 학습 경험을 통해, 배우고 느낀점을 중심으로 기술해 주시기 바랍니다(띄어쓰기 포함 1,000자 이내).	1. 고등학교 재학 기간* 중 자신의 진로와 관련하여 어떤 노력을 해왔는지 본인에게 의미 있는 학습 경험과 교내 활동을 중심으로 기술해 주시기 바랍니다. (띄어쓰기 포함 1,500자 이내) * 검정고시 출신자는 중학교 졸업 후 고등학교재학 기간에 준하는 기간의 경험 기술
2. 고등학교 재학기간 중 본인이 의미를 두고 노력했던 교내 활동(3개 이내)을 통해 배우고 느낀점을 중심으로 기술해 주시기 바랍니다. 단, 교외 활동 중 학교장의 허락을 받고 참여한 활동은 포함됩니다(띄어쓰기 포함 1,500자 이내).	
3. 학교 생활 중 배려, 나눔, 협력, 갈등 관리 등을 실천한 사례를 들고, 그 과정을 통해 배우고 느낀점을 기술해 주시기 바랍니다(띄어쓰기 포함 1,000자 이내).	2. 고등학교 재학 기간* 중 타인과 공동체를 위해 노력한 경험과 이를 통해 배운 점을 기술해 주시기 바랍니다. (띄어쓰기 포함 800자 이내) * 검정고시 출신자는 중학교 졸업 후 고등학교 재학 기간에 준하는 기간의 경험 기술
〈자율문항〉 4. 지원 동기 등 학생을 종합적으로 판단하기 위해 필요한 경우 대학별로 1개의 자율 문항을 추가하여 활용하시기 바랍니다(글자 수는 띄어쓰기 포함 1,000자 또는 1,500자 이내로 하고 대학에서 선택).	〈자율문항〉 3. 필요 시 대학별로 지원 동기, 진로 계획 등의 자율 문항 1개를 추가하여 활용하시기 바랍니다. (띄어쓰기 포함 800자 이내)

1번 문항 글감 선정

1번 문항은 자신의 '진로'와 관련하여 어떤 노력을 해왔는지 본인에게 의미 있는 '학습 경험'과 '교내 활동'을 중심으로 기술하라고 요구하고 있다. 따라서 먼저 자신의 진로에 대해서 명확히 정리하는 것이 좋다. 예컨대, 막연히 공학계열이 아니라 로봇공학, 그 중에서도 로봇의 인공지능을 설계, 개발하는 연구원 또는 거동이 불편한 사람을 위한 가정용 로봇 개발자 등으로 구체화하는 과정이 필요하다. 이렇게 정리하고 나면 이와 관련해서 어떤 경험이나 활동이 의미가 있을지를 판단하기가 수월하다.

학습 경험은 일반적으로 교과 공부를 통해 성적을 올린 경험을 우선적으로 떠올리기가 쉽다. 떠올리기 쉽다는 것은 다른 학생들과 중복 가능성이 매우 높다는 의미다. 물론 글감이 유사하더라도 그 과정에서 자신만의 차별화된 요소를 강조할 수 있다면 문제 될 것이 없다. 하지만 그런 차별화된 요소가 떠오르지 않는다면 글감 단계에서부터 차별성, 특이성을 고려해 선정하는 것이 좋다. 학습의 범주를 넓혀 교과 활동 대신 동아리 활동에서 배운 것, 봉사 활동을 통해 배운 것, 독서나 영상 등 간접 경험을 통해 배운 것, 교과와 연계된 개별 탐구 활동을 통해 심화 학습을 진행한 것 등 자신의 진로를 위한 노력을 부각할 수 있는 활동 경험을 떠올려 보자.

교내 활동은 되도록 생기부에 기재되어 있는 내용을 바탕으로 하는 것이 바람직하다. 대학의 입학사정관이 기대하는 모습 또는 가치가 무엇인지를 생각해 보고 그에 부합하는 모습을 보여 줄 수 있는 경험이 무엇이 있을지 떠올리도록 해보자. 먼저 생기부의 진로 활동을 꼼꼼하게 읽어 보면서 자신의 진로와 연계해 가장 의미 있었던 활동을 찾아보는 것이 좋다. 또한, 동아리 활동 경험을 하나씩 살펴보면서 진로 연계도가 높은 것, 자신의 역할이나 성과가 두드러진 것을 중심으로 정리한다. 과목별 수행평가로 진행한 발표, 보고서 등도 좋은 소재가 될 수 있다. 이를 위해서 주요 내용을 미리 메모해두거나 파일을 찾기 쉽도록 정리해놓는 것이 좋다. 만약 기존 자료를 찾기 어렵다면 생기부에 기재된 주제나 키워드를 활용해 다시 한번 관련 자료를 조사해서 구체적인 개념이나 내용을 확인하면서 글감으로서의 가능성을 평가해 보도록 한다.

1번 문항의 글감 선정을 위한 TIP

- 특정 과목의 학습경험에 대해 쓰고 싶다면 진로와의 관련성이 높고 비교적 성적이 우수하거나 향상된 과목을 선택하는 것이 좋다.
- 특정 과목에 대해 스스로 심화 탐구한 경험이 있다면 되도록 구체적인 주제나 내용을 서술하는 것이 좋다. 또한 이후 면접까지 고려해 가장 자신 있는 주제를 선택하도록 한다.
- 독서 활동 상황을 적극적으로 활용할 수도 있다. 독서, 영상 등 간접 경험 역시 주도적인 학습 과정의 일부다. 다만 독서나 영상 시청에 그치는 것이 아니라 이를 계기로 추가 활동을 진행하는 것이 바람직하다.
- 교내대회 경력을 적극적으로 활용하는 것도 좋다. 수상했다면 결과와 연계해 어떤 부분을 높게 평가받는지 강조할 수 있고, 수상하지 않았더라도 대회 참가를 위해 능동적으로 노력한 과정들을 충실히 서술하면 충분히 좋은 글감이 될 수 있다.

- 글감 선정을 위해서는 먼저 생기부의 진로활동, 동아리활동의 내용을 꼼꼼하게 살펴보고 진로 연관성이 높은 순으로 정리해보는 것이 좋다.
- 교과 세특 중에서도 진로와 관련된 개별 발표를 했거나 보고서를 제출한 것들이 있다면 글감으로 충분히 활용 가능하다. 주요 내용을 미리 메모해 두지 않았다면 생기부에 기재된 내용을 보면서 기억을 떠올려보거나 관련 내용을 다시 조사하도록 하자.

2번 문항 글감 선정 요령

2번 문항의 글감은 단순히 어떤 활동을 적을 것인지에만 초점을 맞춰서는 안 된다. 대학의 입학사정관이 기대하는 모습 또는 가치가 무엇인지를 생각해 보고 그에 부합하는 모습을 보여 줄 수 있는 경험이 무엇이 있을지 떠올리도록 하라.

생기부에 기재되어 있지 않은 내용을 자소서에 작성해도 괜찮은지 고민하는 학생들이 많다. 자소서 2번 문항을 보면 '생기부에 기록되지 않은 교외 활동 중 학교장의 허락을 받고 참여한 활동은 기록할 수 있다'라고 되어 있다. 사실 평가자 입장에서 학교장의 허락을 받았다면 교외 활동 종류가 무엇인가는 크게 중요하지 않을 수 있다. 다른 교내 활동보다 언급한 교외 활동이 중요한 이유, 그 활동을 통해 본인이 어떻게 성장했는지 등 구체적인 내용이 더 중요하기 때문이다. 따라서 학교장의 허락을 받고 참여한 활동이라면 자소서에 작성해도 된다. 다만 그 활동이 다른 어떤 활동보다 본인에게 중요한 이유와 의미를 다시 한번 상기해 보고 설득력 있게 서술해야 한다.

　단, 이러한 활동이 나의 특징을 드러내는 데 적합한지, 특별한 의미를 가지고 성과를 내기 위해 노력한 사례인지 충분히 고민해 봐야 할 것이다.

2번 문항의 글감 선정을 위한 TIP

- 가장 기본적인 소재는 봉사 활동이다. 자신이 했던 봉사 활동을 하나하나 떠올려 보면서 되도록 장기적으로 진행했고, 자신에게 의미가 컸던 활동 순으로 정리하는 것이 좋다.
- 동아리 활동 역시 협동이나 갈등 관리 등을 통해 리더십을 보여 줄 수 있는 사례라면 좋은 글감이 될 수 있다.
- 과목별 수행평가 중 개별적으로 진행한 것이 아닌 조별 과제 활동 역시 좋은 소재이다. 해당 과제를 수행하는 과정에서 자신의 역할이나 성과를 명시하고 이를 통해 배우거나 느낀 점을 서술하면 된다.
- 교내 또는 지역아동센터 등에서 진행하는 멘토 활동에 대해서 쓰는 것도 좋다. 교육계열 진학을 희망하는 경우 이런 소재를 선택하는 경우가 많지만 그렇지 않더라도 충분히 의미 부여할 여지가 많다.

② 개요 짜기

개요를 작성하려면 문단에 대한 이해가 필요하다. 대부분 이미 알고 있겠지만 모든 글은 문단으로 나누어져 있고 문단마다 주제가 있으며 그 주제를 설명하기 위해 살을 붙여 가며 글을 써야 한다. 주제에 대해 자세하게 설명하기도 하고, 사례를 들어 이해하기 쉽게 하기도 하고, 비유를 들어 묘사하기도 한다. 이렇게 문단마다 핵심 주제가 있고 각 문단의 핵심 주제를 통합해 글 전체의 주제가 된다. 개요를 짤 때 몇 개의 문단이 나올지 먼저 생각해 보는 것도 좋은 방법이다. 보통 문항마다 2~3개 정도 문단으로 짜면 적당하다.

이제부터 문항별로 어떤 식으로 개요를 구성해야 할지 대략적인 생각의 틀을 만드는 과정을 설명하겠다. 공통문항 1~2번까지 하나씩 차근차근 살펴보자.

1번 문항 개요 짜기

고등학교 재학 기간 중 자신의 진로와 관련하여 어떤 노력을 해왔는지 본인에게 의미 있는 학습 경험과 교내 활동을 중심으로 기술해 주시기 바랍니다.

학습 경험 1
- 구체적인 학습 경험 내용

- 학습 결과 발전된 사항(또는 연계 심화탐구)

- 학습 경험을 통해 배우고 느낀 점

- 진로와의 관련성

학습 경험 2

- 구체적인 학습 경험 내용

- 학습 결과 발전된 사항(또는 연계 심화탐구)

- 학습 경험을 통해 배우고 느낀 점

- 진로와의 관련성

교내 활동 1

- 구체적인 교내활동 사례

- 이 활동을 통해 배우거나 느낀 점

- 진로와의 관련성

교내 활동 2

- 구체적인 교내활동 사례

- 이 활동을 통해 배우거나 느낀 점

- 진로와의 관련성

위와 같이 1번 문항의 틀에 맞춰 개요를 작성해 보자. 학습 경험과 교내 활동, 어떤 것이든 본인을 더 잘 부각할 수 있는 소재를 선택해야 하므로 일단 후보가 될 만한 소재들을 여유 있게 생각해보는 것이 좋다. 문항에서 요구하는 각각의 내용을 떠올려 보라. 위의 각 항목에 해당하는 내용을 모두 채우는 것이 어려울 수 있다. 하지만 일단 최대한 각각 구분해서 생각해 보고 이를 바탕으로 개요를 짜 놓으면 내용을 구성하기가 훨씬 쉬울 것이다.

2021학년도까지 자기소개서의 2번 문항은 3개 이내의 활동을 소재로 작성하라는 단서 조항이 있었으나 새로 바뀐 1번은 이에 대한 별다른 제한이 없다. 2022학년도 합격한 선배들을 기준으로 봤을 때 1500자를 채우기 위해 일반적으로 2~3개의 소재를 활용하는 경우가 많았다. 활동 사항을 구체적으로 서술하고 배우고 느낀 점을 충분히 제시하기 위해서는 2개 정도의 활동으로 압축하여 포괄적으로 서술하는 것이 더 적절한 경우가 있고 다양한 경험을 보여주기 위해 3개 활동 이상을 서술하는 경우도 있었다. 일단 글자 수 제한 없이 3~4개의 활동을 구체적으로 위 항목을 포함시켜 작성해 보고 내용이 더 충실하고 차별화된 자신의 특장점을 보여 줄 수 있는 2개의 활동을 선택해 살을 붙이는 방법도 효과적이다.

2번 문항 개요 짜기

두 번째 문항은 1~2개 단락으로 구성할 수 있다. 글의 개요를 구성할 때는 에피소드 개수를 고려해 작성하면 된다. 2개의 에피소드일 경우 다음과 같이 개요를 작성하면 되는데 각 사례가 배려, 나눔, 협력, 갈등 관리 중 어디에 초점을 맞출 것인지 미리 생각해 보고 배우고 느낀 점이 있다면 그 부분을 특히 강조해서 쓰는 것이 좋다. 하나의 사례에서 배려와 협력 또는 협력과 갈등 해결 등 2개 이상의 영역을 포함시키는 것도 가능하다.

학교생활 중 배려, 나눔, 협력, 갈등 관리 등을 실천한 사례를 들고 그 과정을 통해 배우고 느낀 점을 기술해 주시기 바랍니다.

관련 경험 1 또는 문제 상황 1

- 경험 또는 문제 상황에 대한 구체적인 설명

- 배려, 나눔, 협력, 갈등 관리 등을 실천한 사례

- 사례에 대한 구체적인 설명이나 묘사

- 사례를 통해 배우거나 느낀 점

관련 경험 2 또는 문제 상황 2

- 경험 또는 문제 상황에 대한 구체적인 설명

- 배려, 나눔, 협력, 갈등 관리 등을 실천한 사례

- 사례에 대한 구체적인 설명이나 묘사

- 사례를 통해 배우거나 느낀 점

글을 작성할 때 반드시 위의 개요 순서대로 쓸 필요는 없다. 순서대로 글을 쓰면 자칫 밋밋해 보이고 평범하게 느껴질 수 있으므로 강조하고 싶거나 개인적으로 먼저 언급하고 싶은 내용을 앞에 쓰는 것도 나쁘지 않다. 물론 맥락상 자연스러워야 하므로 작성 후 다른 사람한테 의견을 물어보는 것이 좋다.

③ 글쓰기(초안 작성)

이제 본격적으로 자소서를 써보자. 글쓰기에 소질이 없다고 해서 걱정할 필요는 없다. 대학은 글을 잘 쓰는 학생을 뽑으려는 것이 아니다. 물론 기본적인 글쓰기 규칙은 지켜야 하지만 이 부분은 이후 고쳐쓰기 과정에서 충분히 보완할 수 있다. 일단 작성한 개요에 맞춰 어떻게 글을 써야 할지 살펴보자.

첫째, 먼저 생각해야 할 것은 '자소서'라는 글의 종류다. 자기를 소개하는 글이기 때문에 자칫 자기 생각과 활동 사항에 대한 설명 위주의 글이 되기 쉽다. 하지만 설명투가 되면 자신의 장점을 부각하기가 쉽지 않다. 만약 활동했던 내용이 특별하지 않고, 역할이나 성과도 크게 두드러지지 않는다면 어떻게 해야 할까? 실제로 그런 학생들이 더 많다. 따라서 자소서에는 생기부에서 보여 줄 수 없었던 자신만의 특별함을 구체적인 사례 제시를 통해 보여 주어야 한다. 결과적으로 각 대학 입학사정관에게 자신을 선발해달라고 설득해야 한다는 것이다. 설득하기 위해서는 '의미'와 '가치'에 대해 서술하는 것이 가장 효과적이다. 흔히 우리가 보는 광고문이나 CF를 떠올려 보면 이해하기 쉽다. 얼핏 유사해 보이는 상품들 사이에서 차별화할 수 있는 의미와 가치를 부각해 구매를 유도해야 하기 때문이다. 자소서를 읽고 평가하는 입학사정관 입장에서 볼 때 매력적이고 선발해도 좋을 만한 학생이라는 이미지를 심어 줘야 한다.

둘째, 반드시 두괄식일 필요는 없지만 도입 부분이 너무 평범하지 않은 것이 좋다. 글의 도입 부분이 중요하다는 얘기를 여기저기서 많이 듣다 보니 글의 전체 내용과 도입부가 어울리지 않는 경우가 종종 있다. 입학사정관이 아무리 많은 종류의 자소서를 읽는다고 하더라도 도입문만 기억하지는 않는다. 글의 전체적인 내용이 더 중요하다는 얘기다. 그럼에도 불구하고 도입부는 매우 신중하게 써야 한다. 물론 전체 글과 조화를 이룰 때 극적인 효과를 발휘한다는 것을 기억하자. 이런 질문이 실질적인 판단 기준을 도울 수 있을 것이다. "너무 평범해서 나 외에도 많은 사람이 쓸 수 있는 문장인가?" 그렇다는 판단이 든다면 주변 선생님이나 전문가에게 조언을 구해 도입부를 수정하는 것이 바람직하다.

셋째, 글을 쓸 때 각 문항별 유의사항을 충분히 확인한 후 작성해야 한다.

1번 문항은 진로와 관련된 고등학교 시절의 학습 경험과 교내 활동을 서술해야 한다. 먼저 학습경험을 살펴보자면 주도적, 능동적인 학습 자세를 기본 소양으로 보기 때문에 사교육에 대한 이야기는 넣지 않는 것이 좋다. 그리고 내용 흐름상 자연스럽게 전공에 대한 열정을 드러낼 수 있는 표현이 포함될 수 있는지 검토해 보아야 한다. 자신이 지원하려는 학과에 진학하게 되었을 때 고등학교 재학 시절의 학습 경험을 기반으로 전공 학습을 잘해 낼 수 있을 것이라는 확신을 줄 수 있으면

금상첨화다. 심화 탐구에 대해 쓸 때는 자신의 의견이나 결론이 반드시 이론적으로 정확하지 않아도 된다. 대신 그렇게 생각한 이유에 대해 논리적으로 풀어나갈 수 있어야 한다는 전제가 필요하다.

　다음으로 자신에게 의미 있었던 교내 활동을 선별해서 써야 한다. 별도의 활동 개수 제한은 없으니 앞서 언급한 개요 짜기 과정에서 여러 활동의 의미와 가치를 충분히 고민한 후 적절한 활동을 선별하는 게 우선이다. 그 다음 세부적인 측면을 어느 정도까지 다룰지 결정한 후 학습 경험을 포함해 2개만 선별해 보다 충실하게 각 경험이나 활동을 제시할지, 3개를 선별해 다방면에서 활동한 경험을 보여 줄지 정해야 한다. 다만 이러한 활동들은 반드시 자신의 진로나 전공과 연계하는 것이 필요하다. 이전과 달리 문항에 '자신의 진로와 관련하여'라는 조건이 포함되어 있음을 명심하자. 제시된 조건에 부합하지 않을 경우 당연히 좋은 평가를 받을 수 없다. 또한 활동을 서술할 때는 '나의 역할'과 '나의 노력', '나의 발전'이 우선시되어야 한다. 동아리 활동에 대해 서술할 때 '모든 부원이 다 같이 열심히 해서 좋은 성과를 거뒀다'는 식으로 두리뭉실하게 써서는 안 된다는 뜻이다. 자신은 동아리 차장을 맡았고, 특히 어떤 활동을 할 때 주도적으로 진행했으며, 어떤 식으로 리더십을 발휘했고, 부족한 점을 깨달아 보완했다는 식의 '나' 중심의 스토리를 만들어나가야 한다. 이 과정이 제대로 표출되지 않으면 생기부 기록을 단순 반복하는 데 그칠 가능성이 높다. 관련된 생기부 내용을 확인한 후 그 안에 충분히 표현되지 못한 나의 노력과 성장을 보여 주고자 하는 것이 1번 문항의 목표다. 가끔 활동 사항이 너무 평범해 보여 걱정이라는 학생들이 있는데, 이런 경우에는 배우고 느낀 점을 효과적으로 표현해 전달하는 데 총력을 기울여야 한다. 실험 한 번, 토론 한두 번, 책 한 권 정도의 내용이더라도 그러한 활동이 자신에게 얼마나 특별한 의미가 있었는지 설득력 있게 서술하면서 그 활동을 강조할 수 있으면 특별한 활동이 아니더라도 충분히 좋은 이미지를 전달할 수 있다. 솔직히 말하면, 실제 합격생들의 자소서에서도 활동 자체가 특별한 경우는 오히려 드문 편이다.

2번 문항은 인성과 관련된 활동을 서술하는 것이므로 기본적으로 겸손한 태도를 보여야 한다. 원래 선량하고 친절하며 남을 잘 돕고 리더십 있는 사람이 아니라 여러 활동을 통해 긍정적으로 나아가고 있다는 방향성을 보여 주는 것이 좋다. 2번 문항만 보면 모든 수험생이 인격적으로 성숙하고 착하디착한 사람처럼 보인다는 얘기가 있다. 실제로는 그렇게 되기 쉽지 않다는 것은 알고 있으니 욕심부리지 말고 초점을 너무 넓히지 않도록 하자. 봉사 활동 하나 하고 남을 배려하는 마음, 나눔을 실천하는 마음, 사회적 리더의 역할에 대한 깨달음을 단번에 얻을 수는 없다. 어디에 초점을 맞출지를 미리 정하고 그 점을 어떻게 설득력 있게 작성할 것인지를 고민하는 편이 낫다.

어차피 봉사 활동은 멘토-멘티 활동, 노인이나 장애인 복지 관련, 지역 아동센터, 도서관 등 한정된 프로그램 중 하나에 참여했을 가능성이 크다. 따라서 일반적인 느낌이 들지 않도록 매우 현실적으로 작성해야 한다. 특정한 사람과의 에피소드를 자세히 쓴다든지, 그 과정에서 가장 기억에 남는 것을 세부적으로 묘사한다든지 하는 식이 좋다. 전체보다는 부분을 세밀하게 보여 주는 현미경 같은 내용 서술이 진정성을 느낄 수 있게 하는 데 효과적이다.

3번 문항은 대학별로 달라 보이지만 막상 들여다보면 유사하다. 우리 학교에 지원하기 위해 얼마나 노력했는가, 왜 우리 학교·학과에 지원했나, 학교에 들어와서 또는 졸업하고 나서 무엇을 할 것인가 등등. 결국 자신의 '진로'에 대한 과거, 현재, 미래에 대한 서술이다. 진로에 대해 깊이 있게 생각하고 전체적으로 한번 서술해 둔다면 초안으로 작성된 문안을 적절히 조합하여 대학별로 제출하면 된다.

지원 동기를 쓸 때는 학과의 특징을 고려해야 하는데, 학과 홈페이지에서 해당 학과 커리큘럼과 졸업 후 진로에 대해 살펴보는 것이 필요하다. 해당 내용을 그대로 이용해서 글을 쓰라는 것이 아니라 본인이 자소서에 쓰려는 내용이 객관적인 정보에 어긋나지 않는지 판단하기 위해서다. 의외로 막연히 알고 있는 내용을 기반으로 확인 없이 작성하는 경우가 많다. 특히 대학이나 학과를 늦게 정한 경우 쓰기에 급급해서 실수하기 쉽다.

그리고 해당 학과에 진학하는 것은 단순히 수업만 잘 듣고자 해서가 아니라 그 분야에 대한 관심을 기반으로 추가 활동이나 연구를 진행하겠다는 의지를 보여 줘야 한다. 따라서 학과와 연계된 사회적 이슈에 대해 조사하고 문제를 개선하거나 연구를 통해 지식이나 기술을 발전시키는 데 기여하고 싶다는 목표의식을 보이는 것이 바람직하다.

진학을 위해 노력한 과정에 대한 서술은 자칫 1번 문항 소재와 겹칠 수 있다. 그 문항들과 구분 짓는 방법은 3번 문항에서는 특정 활동의 의미와 배우고 느낀 점에 초점을 맞춰 상세하게 서술하는 것이 아니라 진로 방향성에 맞춰 여러 활동을 연계해 꾸준히 진행해 왔다는 것을 보여 주면 된다. 진로를 위해 지속적으로 노력했다는 것을 보여 줘야 하므로 '처음에는 막연한 흥미로 다양한 경험을 하다가 특정한 활동을 계기로 관심 분야를 정할 수 있었고, 그 관심 분야에 대해 여러 활동을 했으며, 그 활동들을 통해 성장했고, 부족한 점은 앞으로 어떻게 보완할 생각이다'라는 식으로 여러 활동들을 구슬처럼 꿰어서 하나로 이어 주는 것이 좋다.

학업 계획 및 진로 계획과 관련된 글을 쓸 때는 앞서 지원 동기를 준비할 때 살펴보았던 학과 홈페이지를 다시 한번 확인하고 작성하도록 하자. 지원한 대학이나 학과에서 특장점으로 내세우고 있는 정보들을 적절히 반영하여 전공과 관련된 글을 작성하는 것이 좋은데, 이때 전공에 관해서만 쓰는 것은 너무 안일해 보일 수 있다. 최근 융합적 학문에 대한 이슈를 고려해 본다거나 전공 외 본인의 관심사와 연계해 본다거나 하는 식으로 자신만의 특별한 생각을 추가하는 것이 좋다. 그렇지 않으면 같은 대학과 학과를 목표로 하는 경쟁자들의 글과 유사해질 수밖에 없기 때문이다.

또한 자신의 목표를 뚜렷하게 밝히는 것이 무엇보다 중요하다. 예를 들어 단순히 '로봇공학자'가 아니라 용도를 특정 짓고 누구에게 도움을 주고 싶은지에 대한 자신의 가치관을 덧붙여 '인간의 삶을 풍요롭게 하기 위한 가사보조용 로봇을 연구하는 공학자', '풍부한 데이터와 3D 입체 투시경을 활용한 의료 수술용 로봇 개발자' 등 구체적인 자신만의 목표를 드러내는 것이다. 이렇게 목표를 구체화하면 이에 도달하기 위한 과정 역시 더 구체적일 수밖에 없다. 데이터 분석이나 로봇설계를 위한 디자인공학 등 본인이 공부할 영역도 더 언급할 수 있기 때문이다. 다만 해당 분야에 대한 자료 조사를 통해 자신의 목표가 실현 가능한지에 대한 타당성을 함께 점검해 보도록 하자. 자소서에 기술한 내용이 허황돼 보여서는 안 되니까 말이다.

마지막으로 자소서 쓰기를 절대 타인에게 맡겨서는 안 된다. 물론 개요 짜기나 고쳐 쓰기 단계에서 도움을 구할 수는 있다. 하지만 글쓰기는 반드시 스스로 해야 한다. 자소서 유사도 검증에 걸리지 않기 위해서기도 하지만(2018학년도 기준, 표절로 인해 불합격한 학생이 1,406명이나 된다) 학생이 직접 쓴 글이 아닌 경우 대부분 티가 난다. 이런 경우 부정적인 평가를 받거나 면접에서 공격적인 질문을 많이 받게 된다. 구구절절 이유를 대지 않더라도 이건 자소서의 기본 중의 기본이니 반드시 지키도록 하자. 수정에 수정을 거듭하고 주변 사람들의 의견까지 반영하게 되면 처음 쓴 글과는 달리 분명 더 좋아질 것이다. 그러니 처음부터 완벽한 글을 쓰려 하지 말고 초안 작성이라고 생각하고 목적에 맞게 충실하게 쓰는 것을 목표로 하자.

④ 고쳐 쓰기

고쳐 쓰기는 자소서에서 매우 중요한 단계다. 처음에 썼던 글은 아무래도 완성도가 떨어질 수밖에 없다. 어떤 자료도 참고하지 않고 처음부터 끝까지 자기 글을 썼던 경험이 지금까지 얼마나 있었는가? 그런 경험이 많지 않은 상황에서 쓴 글은 당연히 한계가 있다. 이제 최종 제출 전까지 최대한 많이 읽어 보면서 더 나은 표현, 매끄러운 연결 등을 고민해 봐야 한다. 자소서를 고쳐 쓸 때 반드시 점검해야 할 사항들을 살펴보자.

- 0점 처리 유의사항을 준수했는가?

자신의 실력을 뒷받침하기 위해 공인어학 성적, 수학·과학·외국어 관련 교외 경시대회 수상실적 등 올림피아드나 토플 대회 수상실적을 언급하곤 하는데 0점 처리될 수 있으니 반드시 점검하자.

- 책이나 인터넷에서 찾은 내용을 그대로 인용하지는 않았는가?

자칫 표절에 걸릴 수 있으니 일부 참고했더라도 자신만의 표현으로 바꾸어 사용하도록 하자. 또한 타인이 지원자의 자소서를 표절해도 유사도 검증 대상이 될 수 있으니 학교나 도서관 등 공용 컴퓨터에서 자소서를 작성했다면 반드시 해당 내용을 삭제하여야 하며, 다수의 사람에게 자소서 검토를 요청하는 것도 주의해야 한다.

- 내용과 분량을 고려해 주어진 양식에 맞춰 서술했는가?

의외로 자소서 문항을 꼼꼼하게 읽지 않고 대략적으로만 이해한 상태에서 글을 쓰는 경우가 종종 있다. 특히 4번의 경우가 그러한데, 하나의 글을 여러 대학에 맞춰 조금씩 바꿔 쓰다 보면 주어진 문항에서 벗어난 이야기를 다루기도 하고 반드시 써야 하는 내용을 빠뜨리기도 한다. 또한 문항에서 요구하는 글자 수가 있는데 터무니없이 적은 분량을 작성한다거나 글자 수를 초과하지 않았는지 등도 미리 점검하도록 하자.

- 맞춤법과 띄어쓰기 등 기본적인 어법을 정확하게 구사했는가?

오타나 맞춤법 오류 등을 꼼꼼히 점검해야 한다. 이런 실수가 여러 번 반복되면 지원자의 기본 국어 실력뿐 아니라 진정성이나 성실성에 대해 의구심을 갖게 된다.

- 핵심적인 내용이 학생부와 연관되어 있는가?

예를 들어 공동 작업을 통해 산출된 결과물을 혼자만의 실적인 양 작성한다거나, 학생부에는 독서 활동 내역이 거의 없는데 독서 활동에 대해 과하게 작성하면 평가자료 간 불일치로 인하여 작성한 내용의 신뢰도가 떨어지게 된다. 자소서 작성은 학생부 기록을 기본으로 삼아 작성해야 한다.

- 단순히 활동 내용의 나열보다 경험의 가치가 부각되도록 구체적인 사례 중심으로 작성됐는가?

실제 경험이라고 느낄 수 있도록 세부사항을 서술했는지, 배우고 느낀 점에 대한 분량이 충분한지를 점검해야 한다.

- 학과/전공을 정확하게 이해하고 있으며 해당 분야에 대한 탐구심이 드러났는가?

지원 대학이나 학과 명칭에 오류가 없는지 철저히 확인하는 것은 자소서 쓰기의 기본이다. 또한 지원하고자 하는 대학에 따라 모집 단위, 인재상 등이 다를 경우 각 자소서 내용에 대한 점검 또한 필수이다. 자소서 유사도 검증과 관련해서는 복수의 대학에 같은 내용을 제출해도 괜찮지만 지원 모집 단위가 상이하다면 지원 모집 단위 특성에 맞게 작성하는 것이 바람직하다. 또한 관련된 분야에 대해 충분히 고민하고 적극적으로 자료를 찾아본 후 문제의식을 갖고 탐구했는지가 잘 드러나도록 해야 한다.

- 나만의 문제의식이 잘 드러났고 진로 방향성은 확실한가?

같은 학과를 지원하는 학생 간 경쟁에서는 자신의 진로 브랜드가 얼마나 구체적이며 문제의식이 잘 드러났는지가 매우 중요하다. 3번 문항뿐만 아니라 1~2번 문항에서도 학과나 전공 분야에서 요구하는 필요한 자질을 갖추고 있는지, 주도적으로 해당 자질을 키우기 위해 노력했는지가 잘 드러났는지 점검하자.

03
전공별 합격생들의 자소서

인문과학계열

2022학년도 성균관대 인문과학계열(4년 장학금, 김**)

1번 문항

정보를 체계적으로 분류하고 이용자 중심의 정보 검색 및 추천 시스템을 설계하는 정보학 연구원이 되고자 합니다. 이를 위해서 현대 사회의 정보 유통 과정에 대한 이해도를 높이고 다양한 정보를 수집할 수 있는 언어적 능력, 정보를 능동적으로 재가공할 수 있는 능력을 키우기 위해 노력했습니다.

영어 수업 중 인공신경망의 다층 구조를 다룬 지문을 접한 후, 교육 유연화 과정을 활용하여 인공지능의 학습 방식에 대한 탐구활동을 진행했습니다. 먼저 명시적 프로그램 없이 데이터가 주어졌을 때 이를 바탕으로 소프트웨어가 스스로 학습하는 머신러닝을 소개하였습니다. 스키너의 강화학습 실험처럼 판단 주체를 행위에 따라 보상이 주어지는 상황에 반복적으로 노출시켜 보상을 최대화하는 최적의 행위를 학습하게 함을 이해할 수 있었습니다. 이같은 인공지능 기술의 발전으로 온라인에서 정보가 제공되는 방식도 변화하고 있음을 깨달았고 사용자의 이전 온라인 활동을 바탕으로 한 추천 알고리즘에 대해서도 알게 되었습니다. 이를 적극적으로 도입하여 이용자에게 신속하고 효과적인 정보 제공이 이루어지는 시스템의 설계가 필요하다는 생각이 들었습니다.

다양한 관점의 정보 제공을 위해서는 국내뿐 아니라 해외 정보도 빠르게 수집하고 이해할 수 있어야 합니다. 영자신문 동아리에서 활동하면서 시사 이슈와 관련된 전문 용어를 익히고 영어 독해와 작문 실력을 쌓았습니다. 교내 국제친선대사로 발탁되어 영어와 중국어를 사용하여 자매결연을 맺은 학교 학생들과의 교류에 힘썼습니다. 화상통화를 통한 발표와 퀴즈 활동, 브이로그 형식의 영상 제작 등 다양한 소통 방식을 활용하여 서로의 나라에 대한 정보를 공유했습니다. 이후 외국어 실력을 인정받아 교내 Language Assistant로 선발되어 2년 동안 학우들의 영어 공부에 도움을 주기도 했습니다. 이처럼 국내외적으로 폭넓은 의사소통을 경험하면서 정보의 수집과 공유의 도구로서의 외국어의 필요성을 깊이 깨달았습니다.

특정 정보의 효과적 전달을 위해서는 정보의 특성이나 연계 정보들의 종류에 따라 표현 방식이 달라져야 한다고 생각합니다. 동아리 창의융합산출물 보고회의 주제를 선정하는 과정에서 역사적 장소에 대한 설명과 위치 정보가 분리되어 있는 문제점을 인식하고 이를 통합한 교육용 지리 콘텐츠를 기획하기로 했습니다. 한국, 중국, 프랑스, 스페인, 일본의 역사적 장소에 대해 조사를 진행한 후 온라인 맵을 제작하여 마우스 커서를 해당 지역에 올려놓으면 관련 정보가 화면에 나타나도록 하여 수집된 정보를 통합적 구조로 설계하는 경험을 쌓을 수 있었습니다. 이후 리서치앤세미나 시간에 진행한 탐구활동에서 이해한 메타버스 플랫폼의 특성을 다른 친구들에게 공유하는 과정에서 텍스트 마이닝 프로그램을 활용하기도 했습니다. 메타버스 플랫폼 관련 기사에서의 빈도 수를 반영해 텍스트 크기로 중요도를 강조하여 다면 시장 구조, 승자 독식 수익 구조 등의 특징을 효과적으로 전달했습니다. 이 활동들을 통해 관련 정보를 효과적으로 통합하거나 시각적 정보로 전환하는 능력을 기를 수 있었습니다.

3번 대학별 문항(성균관대)

고등학교 재학 중 여러 탐구활동을 진행하면서 수많은 정보 속에서 원하는 것을 선별하기가 쉽지 않았고 참고문헌의 내용이 예상과 달라 시간을 낭비할 때도 많았습니다. 온라인 상의 정보를 체계적으로 분류하는 시스템이 갖춰져 있다면 유용할 것이라 생각했고 자료 수집 과정에 도움이 되는 플랫폼이나 프로그램을 기획하겠다는 목표를 세웠습니다. 이를 위해 정보의 조직과 검색, 분류 등의 전문성을 쌓을 수 있는 문헌정보학을 전공하고자 합니다. 문헌정보학은 융복합적 특성이 강하고 지식을 조직하거나 정보 유형을 분석하는 과정에서 높은 인문학적 소양이 필요합니다. 그래서 개별 목표에 따라 맞춤형 커리큘럼 구성이 가능하고 융합적 능력을 효과적으로 기를 수 있는 성균관대학교 인문과학계열에 지원했습니다.

다양한 교과에서 카드뉴스와 인포그래픽 활동을 진행하면서 사용자의 이해를 돕기 위해 시각적으로 구현된 2차 재가공물을 제작하는 경험을 쌓았습니다. 정보를 수용하고 전달하는 것뿐만 아니라 정보의 타당성을 분석하는 과정도 중요하다고 생각합니다. 확률과 통계 시간에 데이터 분석 프로그램을 활용하여 가설의 타당성을 판단해보고 이를 이후 활동에 적용했습니다. 학급특색활동에서 경찰 증원을 다룬 기사를 접한 후 경찰 인원 증대와 사회 안전도와의 관계를 판단하고자 했습니다. 최근 10년간 경찰 인원, 범죄 발생건수와 검거건수 데이터를 수집해 산점도 추세선과 Correl함수를 활용해서 상관관계를 파악하는 방식으로 기사의 타당성을 확인했습니다. 이 활동을 통해 구체적인 자료 검증 방법을 익히고 이를 적용해보면서 비판적 정보 수용 능력을 기를 수 있었습니다

사회과학계열

2022학년도 중앙대 정치국제학과(이**)

1번 문항

범지구적 환경문제를 해결하기 위해 국제사회의 협력을 이끌어내는 국제관계 전문가가 되고 싶습니다. 이를 위해서는 현재 환경문제와 관련한 국제적 대응 방안에 대해 이해할 필요가 있으며, 국가 간의 원활한 소통을 위해 커뮤니케이션 능력을 강화해야 한다고 생각합니다.

과학탐구실험 수업에서 시청한 바이러스와 관련된 다큐멘터리를 통해 코로나19를 포함한 바이러스성 질병의 확산이 인간이 환경을 파괴하고 자연에 지나치게 간섭한 결과로 인한 것임을 알게 되었습니다. 이를 통해서 저는 팬데믹처럼 직접적으로 인류를 위협하는 문제로 이어지는 환경문제를 더 이상 '검은 코끼리'로 방치해서는 안 된다고 생각하였습니다. 이 같은 환경에 대한 관심을 바탕으로 지속가능발전 목표와 관련된 탐구활동에 참여하게 되었고 기후변화 대응과 관련해 현재 국제사회에서 목표하고 있는 탄소 중립을 주제로 선정하였습니다. 탄소 중립을 적극적으로 실천하고 있는 선진국들의 LEDS와 실행현황, 우리 정부의 LEDS를 조사하여 비교해 보고, 우리 정책에서의 보완점을 찾아 발표했습니다. 현재 우리나라의 정책을 유지할 경우 탄소중립의 실현이 불가능하며, 신재생 에너지를 대폭 확대하고 탄소배출을 최소화하기 위해 배출권 거래제, 탄소세 도입 등을 반영할 필요가 있다는 의견을 제시했습니다. 이와 관련해 적극적으로 신재생 에너지에 투자하고 있는 영국, 프랑스 등 선진국들의 사례를 통해서 우리나라 역시 경제발전과 환경개선이 양립할 수 있을 것이라는 확신을 가질 수 있었습니다. 이처럼 환경 문제에 모든 국가가 적극적으로 참여할 수 있도록 변화를 이끌어내기 위해서는 현재의 심각한 문제 상황을 명확하게 인식하고 이를 통한 경각심을 널리 공유할 필요가 있다는 생각이 들었습니다.

국제관계 형성과 외교 활동에 있어 언어는 매우 중요한 요소라고 생각합니다. 그래서 영어와 스페인어로 유창하게 의사소통할 수 있도록 외국어 실력을 키워왔고 제 생각을 논리적으로 표현하는 연습을 한 후 이를 객관적으로 평가 받고 발전 방향을 모색하기 위해 교내 외국어 토론 대회에도 꾸준히 참가해 왔습니다. 이 과정에서 블랙프라이데이, 백신접종, 복지정책 등의 이슈와 관련하여 영어나 스페인어로 토론 활동 경험을 쌓을 수 있었습니다. 특히 '블랙프라이데이를 지속해야 하는가'를 주제로 한 토론 대회에서 반대 측을 맡았던 것이 기억에 남습니다. 불필요한 과소비 유발, 운송 과정에서 발생하는 탄소와 포장재 및 기존 물품의 폐기 등의 증가로 인한 환경오염 심화 등의 이유를 들어 블랙프라이데이의 지속을 반대하였으며, 블랙프라이데이의 참여를 거부하고 세일 대신 매출의 15%를 환경 단체에 기부하는 그린프라이데이에 참여하여 윤리적 소비를 유도하는 기업의 자세가 필요하다고 주장했습니다. 토론 과정에서 정확한 스페인어로 의견을 표현하고 여러 근거를 들어 설득력을 높인 점이 좋은 평가를 받았습니다. 여러 토론 대회에 참여하면서 논리적인 사고 능력을 기반으로 자신의 의견을 명확하게 전달하거나 상대방을 설득하는 합리적 방식을 익히면서 협상 능력을 기를 수 있었습니다.

3번 대학별 문항(중앙대 정치국제학과)

저는 영어를 활용하여 저의 의견을 논리정연하게 표현하기 위해 노력해왔습니다. 다양한 국제 이슈에 대한 이해와 실질적인 해결책을 탐구하기 위해서 매년 모의유엔 행사에 참여해왔습니다. 대사를 맡은 국가에 대한 조사를 통해 의제에 맞추어 그 국가의 입장을 정리한 성명문을 작성하여 대사단과 의장 앞에서 발표했습니다. 강대국이나 개발도상국의 대사를 맡았을 때 항상 우선순위로 생각했던 것은 국제사회의 협력을 통한 발전이었습니다. 이 경험을 바탕으로 포스트 코로나 시대에 당면한 세계 경제의 과제를 불평등의 해소 방안을 중심으로 모색하는 고교국제경제포럼의 외교안보 부문에 참여하여 선진국의 백신 독점 외교를 비판하며 개발도상국의 지원을 확대해야 한다는 내용의 입장문을 발표했습니다. 백신 개발 초기, 선진국들은 자국의 백신 물량 확보를 위해 백신 계약을 수립하는 등 자국 이기적인 모습을 보여주었고 개발도상국들은 백신을 구하기 어려운 상황이었습니다. 이 문제의 원인이 자국의 경제 활성화를 도모하기 위한 것이라 판단했고 선진국의 백신 독점이 오히려 국제 사회의 경제적 손해를 불러일으킨다는 연구 자료를 제시했습니다. 국제 사회에서 경제적 이익은 무역으로부터 비롯되고 무역은 양국 모두 팬데믹을 극복하고 경제를 회복하였을 때 이루어진다고 주장하였습니다. 발표 후, 선진국의 구체적인 역할을 묻는 질문이 있었고 개발도상국에 백신을 지원해야 하며 이는 기부가 아닌 미래를 위한 투자라고 생각해야 한다고 설명했습니다. 이처럼 국제 현안에 대해 저의 의견을 객관적 자료에 기반하여 영어로 설득력 있게 전달할 수 있었습니다.

상경계열

2022학년도 연세대 경제학과, 성균관대 글로벌경제학과(김**)

1번 문항

經世濟民에 담긴 의미처럼 경제 문제에 영향을 미치는 요인들을 분석하고 해결 방안을 연구하여 국민의 삶의 질 향상에 기여하는 경제정책 연구원이 되고자 합니다. 이를 위해 진로와 연관된 다양한 활동을 진행하면서 경제학 원리를 익히기 위해 노력했습니다.

먼저 1학년 TIDE 창업부 동아리 활동에서 교내 플리마켓 행사를 기획하여 스마트팜에서 재배한 상추를 판매하기로 했습니다. 하지만 행사를 앞두고 부원들과 토의한 결과, 학생들에게 상추만 단독으로 판매하기에는 학생들의 상추에 대한 수요가 적을 것이라고 예상되어 이를 반영하여 판매전략을 수정하기로 했습니다. 이에 학생들의 식품 선호도를 고려하여 삼겹살-상추쌈을 상품으로 판매하기를 제안했습니다. 그래서 동아리에서 상추쌈을 판매하게 되었고, 학생들의 호응을 얻어 큰 수익을 낼 수 있었습니다. 이후 보고서를 작성하면서 상추와 삼겹살이 보완재 관계에 있어 이를 함께 소비할 때 소비자의 효용이 증가한다는 것과 상품을 판매할 때는 수요-공급 간의 관계를 고려해 판매전략을 세워야 한다는 것을 깨달았습니다. 이 과정에서 미시경제의 작동원리에 대해 간접적으로 체험할 수 있었습니다.

이후 2학년 때에는 미시경제뿐만 아니라 거시경제가 작동하는 원리에 대해 탐구하고자 했습니다. 그래서 학교 경제수업에서 경기변동에 따라 정부와 중앙은행이 정책을 수립하는 메커니즘에 대해 학습한 후, 이러한 메커니즘을 바탕으로 정책이 실제로 수립되는지 탐구하기로 했습니다. 이를 위해, 국내외 경제 기사를 분석하는 방식으로, 코로나19로 인한 경기침체 상황에서 정부와 중앙은행이 실제로 시행한 정책들을 탐구하는 활동을 진행했습니다. 탐구를 통해 정부는 긴급재난지원금과 같이 지출을 확대하는 방식으로, 중앙은행은 금리를 인하하는 방식으로 상황을 극복하려고 한다는 것을 알게 되었습니다. 이후 조사한 내용을 친구들과 공유하기 위해 발표를 진행하는 과정에서 경기변동에 따른 경제안정화 정책들에 대한 이해를 높일 수 있었습니다. 또한 이론을 바탕으로 정책이 수립된다는 점에서, 경제 이론과 실제 현상 사이의 연관성을 확인할 수 있었고, 경제 이론 연구의 가치와 필요성에 대해 깨달았습니다.

더 나아가 3학년 때는 앞서 다룬 정책들이 가지고 있는 문제점들에 대해 고민했습니다. 그래서 중앙은행의 저금리 정책이 경기회복에 미치는 영향이 크지 않을 수 있고, 금리 인하로 부동산 시장이나 주식 시장 등이 과열될 수 있다는 점을 인식하여 이를 뒷받침할 수 있는 자료를 조사한 후 보고서로 작성했습니다. 이를 토대로 교내 학술세미나에서 발표를 진행했고, 어려운 경제용어를 쉽게 풀어 설명함으로써 청중의 이해를 높이기 위해 노력했습니다. 발표 진행 후, 현재 정책의 문제점을 중심으로 분석했으나 구체적인 해결 방안을 제시하는 데 한계가 있었다는 생각이 들었습니다. 이를 위해 경제학에 대한 전문성을 갖춰야 할 필요성을 느꼈고 객관적인 분석 자료를 바탕으로 경제 문제의 해결 방향을 제시할 수 있는 경제정책 연구원이 되겠다는 목표를 구체화할 수 있었습니다.

3번 대학별 문항(성균관대)

처음에는 경영인을 목표로 여러 활동을 진행해왔지만, 이 과정에서 경영 전략 수립에 필요한 경제주체의 합리적 선택에 대해 다루는 경제학을 접하게 되었습니다. 이후 경제 수업에서 무역, 국가재정정책 등을 공부하면서 과거 경제 현상의 원인을 분석하고 향후 결과를 예측하는 과정이 흥미롭게 느껴졌습니다. 그래서 국가의 경제 문제를 해결하기 위해 경제학 이론을 적용하여 합리적인 정책을 수립하는 경제정책 연구원을 목표로 하게 되었습니다. 이를 위해 국가 간의 관계와 국제 환경의 변화에 대한 이해를 바탕으로 국제 금융과 국가 간 무역 등에 대한 전문성을 강화할 필요가 있다고 판단하여 성균관대학교 글로벌경제학과에 지원하게 되었습니다.

제 목표를 위해 국제경제 수업을 들으면서 중상주의 정책부터 오일쇼크까지 이어지는 세계의 경제 흐름에 대해 공부했습니다. 그 후, 미중 무역분쟁과 관련된 논문들을 읽고, 우리나라가 분쟁으로 인한 수출 감소를 최소화 할 수 있는 방안에 대한 보고서를 작성했습니다. 이 과정에서 경제 현상의 데이터를 분석하는 방법에 대해 배울 수 있었고, 데이터를 기반으로 향후 경제 상황을 논리적으로 예측하는 방법에 대해 배웠습니다. 이외에도 영어 수업에서 영문 기사를 스크랩하여 환율 변화, 부동산 문제 등과 같은 경제 현상을 분석하면서 배경 지식을 쌓았습니다. 이를 토대로 확대 재정정책의 일환인 긴급재난지원금의 지급방식과 대상 등을 정리한 기사를 작성해 교내 영자신문에 게재하기도 했습니다. 이 활동들을 통해 해외 자료 수집과 활용에 필요한 영어 실력을 강화할 수 있었고 국내외 경제의 변화 양상을 이해할 수 있었습니다.'

2022학년도 경희대학교 회계세무학과, 서울시립대 세무학과(정**)

1번 문항

투명성과 신뢰성, 제가 가장 중요시하는 가치입니다.

정보의 양이 극대화된 사회에서 사람들에게 필요한 정보를 제공하여 투자를 이끌어내기 위해 기업은 회계 정보를 투명하게 공개해야 한다고 생각합니다. 하지만 여러 기사를 통해 단기적인 이윤만 쫓아 왜곡된 회계 정보를 제공하는 기업이 많다는 사실을 알게 되었습니다. 그래서 정치와 법 시간 중 왜곡된 회계 정보 제공의 예시라 할 수 있는 분식회계의 법적 처벌 방안인 '특정경제범죄가중처벌법'에 대한 카드 뉴스를 작성하였습니다. 분식회계로 인해 처벌받는 기업들의 사례를 통해 상황의 심각성을 인식할 수 있었고, 장기적인 관점에서 기업의 이미지 관리를 통해 투자를 이끌어낼 수 있는 방안을 모색해야 한다는 생각이 들었습니다. 이후 동아리 활동을 통해 분식회계를 해결하기 위한 방안에 대해 구체적으로 고민해 보았습니다. 이 과정에서 최근 분식회계뿐만 아니라 역분식회계도 다수 발생하고 있으며, 이는 기업회생을 위한 공적자금을 투입하게 만들어 국가재정까지 위협하는 큰 범죄임을 알게 되었습니다. 이를 해결하기 위해서는 은행이나 회계감사인의 책임에 대한 법적 기준을 명확히 하고, 그들이 문제점을 정확하게 파악하여 보고할 수 있도록 기업의 영향력에서 벗어나 독립성을 강화해야 한다는 결론을 도출할 수 있었습니다. 이 경험을 바탕으로 3학년 학급 총무를 맡았을 때, 반 친구들에게 인터넷 상에 단체 대화방을 만들어 학급비의 구체적인 관리 내역을 공유하는 방식을 제안하여 좋은 반응을 이끌어내기도 했습니다.

기업의 경영이나 재무 전략을 수립하거나 평가하는 과정에서 중요한 의사 결정을 내릴 때 통계 자료의 활용이 필수적이라고 생각합니다. 거대 투자회사가 경제위기 당시 정규분포 그래프의 예외 상황을 고려하지 못한 채 투자를 하다가 파산했다는 사실을 접한 후, 잘못된 통계 자료나 이를 활용한 사례들을 더 알아보고 싶다는 생각이 들었습니다. 그래서 '새빨간 거짓말, 통계'를 읽게 되었고 사업가와 정치인 등이 여론을 조작하기 위해 통계 자료를 왜곡되게 사용하는 사례를 다양하게 접할 수 있었습니다. 이를 통해 통계 자료의 활용 과정에서 자료의 수치를 정확하게 파악하고 비판적으로 수용하는 태도를 갖춰야 한다는 생각이 들었습니다.

이후 통계 자료를 직접 수집하고 분석하여 의미 있는 결론을 도출해보기 위해 인문창의영재 활동에서 같은 학교 친구 120명을 대상으로 설문을 진행했습니다. 기업이 정보 축적을 위해 무분별하게 개인정보를 수집하는 과정과 이를 막기 위한 개인정보 보호법에 대한 인식 여부를 조사했습니다. 그 결과, 85퍼센트는 개인정보 활용 동의서를 읽지 않았고, 개인정보 보호법에 대해 잘 모르는 학생이 94.1퍼센트나 되었습니다. 이 통계 자료는 친구들에게 개인정보 중요성에 대해 설명하고 경각심을 높이는 데 활용할 수 있었습니다.

향후 기업의 회계 업무를 진행하게 된다면 올바른 의사 결정과 재정 상황을 전문적으로 분석하기 위해 정확한 수치나 통계 정보를 바탕으로 정보 공개를 투명하게 해야겠다는 방향성을 정립할 수 있는 계기가 되었습니다.

3번 대학별 문항(경희대 회계세무학과)

중학교 때 뉴스로 접한 대기업의 분식회계 사례는 저에게 한 기업을 이끄는 CEO가 회계 조작으로 인하여 법의 제재를 받는 모습을 통해 문제의 심각성을 인식시켜 주었습니다. 고등학교 입학 후 회계의 투명성을 제고하면서도 경영자와 주주들간의 이해관계를 조정하는 역할을 수행하고 싶다는 사명감이 생겨 회계사를 목표로 하게 되었습니다. 이를 위해 경희대학교 회계세무학과에서 회계 및 세무학의 전문 지식과 실무 능력을 쌓고자 지원하게 되었습니다.

고등학교 과정에서는 회계나 세무의 기본이 되는 경영, 경제 활동을 다양하게 경험하고자 노력했습니다. 미래 기업가 동아리 활동을 통해 4차 산업혁명으로 인한 국제 무역 질서의 개편에 대해 알아보았습니다. 4차 산업혁명 산업을 육성하기 위한 각 국가별 정책들의 차이를 알아보고 다자간 무역협정체제에서 지역무역협정체제로 변화하는 무역 구조의 양상을 분석한 후, 이를 친구들과 공유하는 활동을 진행했습니다. 이러한 경제질서 개편에 영향을 미친 4차 산업혁명 기술을 살펴보다가 메타버스를 접하게 되었습니다. 메타버스는 가상세계를 기반으로 운영되기 때문에 많은 금융 기업들이 가상세계에 활용할 수 있는 화폐 구조를 확립하기 위해 참여하고 있다는 점을 알게 되었습니다. 하지만 가상과 현실 세계 간의 경계가 모호해질 경우 인류의 정체성에 혼란을 가져올 수 있으므로 기술을 활용한 산업 분야에서는 기업가들의 윤리적 가치관 확립이 중요하다는 것을 깨달았습니다. 이를 위해 단기적인 이윤 추구만이 아니라 공동체를 위한 윤리적인 재무 관리의 방향성을 제시하는 전문회계인이 되고 싶습니다.

자연과학계열

2022학년도 서울대 산림과학부(조**)

1번 문항

식물은 소리를 내지 않습니다. 따라서 성장 과정을 관찰하기 위해서는 다른 생물들에 비해 더 많은 집중력과 시간을 들여야 합니다. 저는 산림자원의 보존 방법을 연구해 인간과 환경이 상생하는 사회에 기여하고자 하는 목표를 가지고 있습니다.

교내 정원의 나무 심기 활동을 통해 배움을 환경에 적용하는 법을 배웠습니다. 주어진 공간을 효율적으로 활용하기 위해 먼저 교내 정원 내 식물들의 배치를 관찰했습니다. 그 결과, 식물의 간격과 무관하게 서로 겹치지 않고 성장하는 것을 발견하고 가지 성장에 규칙이 있을 것이라 판단해 수학과제탐구 시간에 이 주제를 탐구했습니다. 16가지 종의 나무 가지들을 촬영한 후, 알지오매스를 이용해 선분으로 도식화하여 분석하였고 가장 바깥쪽 가지 끝과 첫 번째 가지가 뻗어 나온 위치를 이은 직선이 점근선 역할을 한다는 것을 발견했습니다. 그리고 옆 나무의 점근선과 겹치는 지점이 각 나무의 평균 높이 이상에서 형성되어 각자 독립된 공간에서 성장한다는 것을 이해했습니다. 이후 교내 정원의 공간적 효율성을 검토하기 위해 3차원 입체 방식으로 나무 성장을 예측하는 L-시스템을 학습하여 수학적 모델링을 시도했습니다. 다양한 각도에서 살펴보니 상층 공간을 충분히 활용하지 못한다는 사실을 알게 되었고 이를 보완하기 위해 1년 후 정원의 모습을 시뮬레이션한 후, 살구나무를 추가로 심기로 결정했습니다. 일상 속 의문을 해결하기 위해 학습 내용을 응용하고 이를 기반으로 새로운 지식을 발견하면서 탐구의 즐거움을 느꼈습니다. 또한 식물이 주는 정서적 위안과 함께, 보존과 공존의 대상으로서 산림의 가치에 깊이 공감하며 목표에 대한 의지를 다질 수 있었습니다.

천연독성물질에 대한 탐구를 통해 과학자로서의 자세를 익혔습니다. 교내 청소년 화장품 안전소비교육을 통해 화장품 속 독성물질이 피부 질병뿐 아니라 환경오염을 유발한다는 것을 알게 되었습니다. 생활용품 속 독성물질로 인한 문제를 줄이기 위해 천연 독성물질을 조사하던 중, 화학과제연구 시간에 식품에 포함된 독성물질인 amygdalin의 살균 효과에 대한 탐구활동을 진행했습니다. 흔히 볼 수 있는 매실, 포도 등의 종자에 포함된 amygdalin을 추출하여 살균 효과를 관찰하기 위해 분별증류 장치가 필요했으나 보관이 잘 이루어지지 않아 부속품들이 깨져 있었습니다. 그래서 다른 대체품들을 찾아 분별증류 장치를 만들었으나 이번에는 냉각기에 물을 공급할 수 없었습니다. 수도꼭지의 구조를 바꾸어 문제를 해결한 후, 분별증류로 매실 종자의 amygdalin을 추출하였고 주변 대학의 공동기기원에 의뢰하여 기체 크로마토그래피로 성분 분석을 진행했습니다. 이렇게 추출한 amygdalin을 피부 여드름 균에 도포한 결과, 살균 효과가 나타나 여드름 살균제로서의 사용 가치를 검증했습니다. 실험실 환경으로 활동 진행이 힘들었지만 각 과정마다 해결할 문제에 집중하며 실험을 마무리했습니다. 이를 통해 가설에 맞는 실험을 설계하고 과정상의 어려움을 극복하고 결론을 도출하는 미래 연구자로서의 역량을 기를 수 있었습니다.

3번 대학별 문항(서울대)

나는 나무처럼 살고 싶다

수학과제탐구로 나무의 가지 성장에 대한 연구를 하면서 수목의 존재와 가치에 대해 생각하게 되었습니다. '아낌없이 주는 나무'에서 나무를 자원, 소비재의 의미로 표현하고 있다면, 이 책은 나무를 사람과 동등한 위치에 놓고 나무의 생애를 통해 배울 수 있는 삶의 지혜와 가치에 대해 생각하게 해주었습니다. 나무의 가지나 줄기가 외부의 영향으로 인해 휘는 곡지는 주변 환경에 강하게 맞선 흔적이었습니다. 또 잡풀이나 관목식물은 불모지를 녹색 숲으로 만들고 나서 교목들이 뿌리를 내릴 수 있게 자리를 내어준다는 것을 알게 되었습니다. 이런 나무들의 삶을 보면서 어려움에 직면하더라도 자신의 목표를 절대 포기하지 않고 나아가며, 타인을 시샘하거나 비교하지 않고 담대하게 제 역할을 해내는 삶을 살겠다고 다짐했습니다.

과학이 말하는 윤리

자율동아리 활동으로 과학 연구 과정의 윤리적 문제에 대해 토론하면서 이 책을 읽게 되었습니다. 윤리적 결정을 하는 과학자들이 대중을 이해 당사자로 여겨야 하는지에 대해 토론하며 깊이 고민했습니다. 과학 분야의 연구는 본질적으로 공리주의를 지향하며 사람들뿐만 아니라 그들을 둘러싼 지구환경의 이익을 목적으로 하기에 대중 역시 이해 당사자에 포함된다고 생각합니다. 따라서 대중이 과학자들의 연구에 대한 책임에 관심을 갖는 것도 중요합니다. 윤리적 딜레마 상황에서 과학자들이 소수의 이익을 위한 선택을 했을 경우 대중이 비판적 사고에 기반하여 문제를 제기해야만 윤리적 연구가 진행될 수 있습니다. 다양한 분야의 연구에서 나타나는 윤리적 문제에 대한 답을 찾아가면서 미래 과학자로서의 책임 의식을 배울 수 있었습니다.

공학계열

2022학년도 서울대 바이오시스템소재학부(정**)

1번 문항

모든 사람들이 수준 높은 의료 시스템의 혜택을 누리는 사회, 제가 꿈꾸는 미래입니다. 이 꿈을 현실로 만들기 위해 의학과 생명과학을 접목해 연구하는 의공학자가 되고자 합니다. 의료 기술을 발전시켜 질병의 조기진단율과 치료가능성을 확대하고자 생명과학과 공학의 융합 탐구활동을 진행하면서 연구자로서의 자질을 기르고 생명공학 심화 지식을 쌓아왔습니다.

발목 염좌를 진단받고 과거 '우리 몸 오류 보고서'에서 읽은 발목 뼈의 진화론적 구조가 발목의 불안정성을 촉진할 수 있다는 사실이 떠올랐습니다. 여러 개로 분화된 발목뼈를 발목 관절의 움직임에 따라 세 부분으로 통합하면 이로 인한 질환의 발생 가능성을 배제할 수 있을 것이라는 생각에, 통합한 발목뼈의 안정성이 확보되는지 실험으로 확인하고자 했습니다. 최대한 인체와 유사한 조건으로 실험을 진행하기 위해 발목뼈와 관절을 각각 ABS, TPU 소재를 사용해 3D 프린팅하여 모형을 제작했습니다. 각 관절 사이에는 압력센서를 부착해 발목을 결합하고 하중을 가해 아두이노로 압력을 측정했습니다. 그 결과, 통합 전후 관절의 압력 부하 양상이 크게 다르지 않아 발목뼈 통합의 안정성 효과를 입증할 수 있었습니다. 실험 이후에는 발목뼈 통합 방안으로 인공뼈 치환, 생체 접착제를 이용한 유합, 유합술용 보철물 삽입을 제시하여 탐구의 적용 가능성을 높였습니다. 이 과정에서 공학 기술을 이용해 질병을 예방하고자 하는 의공학 연구자의 자세를 가지고 실험 전체를 이끌어나가는 통찰력을 기를 수 있었습니다. 또, 환자의 도보 재활치료를 위해 아두이노와 엔코더, 와이어를 이용한 근력 보조 엑소슈트를 제작해보는 등 의공학에 대한 관심을 확장시키기도 했습니다.

공학을 물리적 도구로써만이 아니라 생명체 내의 화학 기작에 접목해 희귀병 치료에도 활용하고 싶었습니다. 2학년 생명과학 시간에 크로이츠펠트야콥병에 대해 배우며 이 불치병의 원인이 되는 변형 프라이온 억제 방법에 대해 호기심이 생겼습니다. 하지만 질병관리본부의 보도자료, 논문 등 다양한 문헌에서 얻은 지식은 알파 나선구조에서 베타 병풍구조로 변형된 프라이온이 주변 프라이온에 결합하여 연쇄적 변형을 일으킨다는 사실뿐이었습니다. 이 호기심은 3학년 생명과학시간 단백질 합성과 산화적 인산화, 유전자 재조합 기술을 배우면서 해결했습니다. 종양 유전자 조합을 통해 미토콘드리아 전자 전달계에서 활성 산소를 다량 발생시켜 프라이온 보조인자 플라스민을 산화시키고, 수소결합 형성 방식을 변화시키는 매개자 단백질을 이용해 알파 나선구조 형성을 유도하는 방법을 제안했습니다. 또, 활성 산소에 의해 손상된 단백질을 수선하는 Hsp33을 이용해 주변 세포에 미치는 영향을 줄일 수 있도록 했습니다. 기존 연구 결과를 바탕으로 생명공학기술을 인체에 적용할 때 발생할 수 있는 문제점들을 해결하며, 프라이온 변형의 화학적 기작과 면역계를 통한 감염 경로도 이해할 수 있었습니다. 이와 같은 각종 탐구활동 경험과 의공학 지식을 바탕으로 바이오시스템소재학부에 진학하여 의학 발전에 한 토대가 되고 싶습니다.

2번 문항

저는 지식 공유의 가치를 믿습니다. 항상 친구들과 공부한 내용을 공유하면서 제 부족한 지식을 점검하고 친구들의 공부에도 도움이 되고자 노력했습니다. 고급수학 수업을 복습하기 위해 교과서의 문제를 풀던 중, 해설이 제공되지 않는 유제를 풀면서 어려움을 겪었습니다. 선생님께 도움을 청해 자문을 구해보니 개념에 대한 저의 이해가 부족했던 것이 아니라 수업에서 배우지 않은 개념이 적용되거나 풀이 과정에서 수학적 오류가 있다는 사실을 알게 되었습니다. 그래서 저 외에 다른 친구들도 같은 문제를 겪을 것이라고 생각해 '고급수학 부교재 제작 프로젝트'를 기획하게 되었습니다. 관심 있는 친구들을 모아 전공 서적을 참고하면서 교과서의 부족한 설명과 해설을 추가했고 문제의 오류도 바로잡았습니다. 처음 제작한 부교재를 배부하면서 다른 친구들의 의견을 들은 결과, 여전히 생략된 수식과 전공서적 속 개념들이 어렵게 느껴진다는 것을 알게 되었습니다. 봉사는 베푸는 사람이 아니라 받는 사람의 입장에서 도움이 되어야 한다는 것을 깨닫고 이 문제를 개선하고자 했습니다. 피드백을 반영하여 대부분의 수식을 생략 없이 포함하고 전공서적의 개념은 최대한 쉽게 풀어 설명하기 위해 노력했습니다. 이후 친구들의 긍정적인 반응으로 인쇄업체에 의뢰하여 부교재를 제작하여 배부했고 더 많은 친구들과 후배들이 폭넓게 이용하는 모습을 보며 보람을 느꼈습니다. 이 경험을 통해 일방적으로 지식을 공유하는 것이 아니라 그 과정에서 수용자의 이해도와 반응을 고려하여 공유한 지식을 재가공하기 위해 노력하는 자세가 중요하다는 것을 알게 되었습니다.

3번 대학별 문항(서울대)

1) 질병의 종식

국내외 의학 분야의 연구 동향을 살펴보고 시대의 흐름에 따른 질병의 변화 양상을 확인하면서 이에 대한 대응 방안에 호기심이 생겨 책을 읽게 되었습니다. 제가 당연시 여겼던 생의학적 질병관이 만성질환을 다루기에는 적절하지 않고 질병에 관여하는 다양한 요인의 상호작용을 반영한 시스템의학적 질병관이 필요하다는 저자의 주장이 흥미로웠습니다. 또한, 개인 맞춤형 정밀 의료를 위해 보건 네트워크와 포괄적 건강관리가 행해지는 미래 의료시스템을 구축하는 과정에서 의공학자의 역할이 중요할 것이라고 생각했습니다. 이후 다양한 해외 의료 웹사이트를 분석하여 html, css를 활용해 환자의 진료기록과 증상이 포함된 빅데이터를 저장하는 웹사이트를 제작해보면서 의공학자로서의 기초 역량을 기를 수 있었습니다.

2) 삶의 격

늘 타인과 좋은 관계를 유지하고자 말과 행동의 기준을 내가 아닌 상대방에게 두면서 스스로의 가치를 점점 잃어가는 느낌이 들었습니다. 그래서 삶의 방식을 성찰하기 위해 이 책을 읽으며 자아존중을 위한 존엄의 의미에 대해 고민해보았고, 타인과의 사이에 존재하는 간격과 사적인 영역을 받아들여야 함을 깨달았습니다. 자신을 배신하지 않고 존엄성에 위배되면서까지 남의 마음에 들고자 노력하지 않는 것이 스스로를 책임지고 자존감을 높이는 길이라는 저자의 주장을 통해 논어의 '修己以安人'의 의미도 되새겨볼 수 있었습니다. 존엄은 개인적인 차원을 넘어선 삶의 전반적인 방식이라고 생각하여 개개인에 대한 존중을 기반으로 인간의 존엄성을 높이는 의공학 연구를 통해 사회의 격을 높이는 데 기여하고 싶습니다.

2022학년도 홍익대 기계시스템디자인공학과, 인하대 기계공학과(정**)

1번 문항

저는 일상생활에서 인간의 일을 대신하여 수행할 수 있는 로봇을 만들어 몸이 불편한 분들께 도움을 드리는 기계공학자가 되고 싶습니다.

물리에 대한 이해를 높이고 관련된 심화 탐구활동을 경험하기 위해 꿈두레과정 중 물리과제연구에 참여했습니다. 진자 운동의 원리와 관련된 정보를 검색하던 중 접하게 된 펜듈럼 웨이브 영상이 흥미롭게 느껴져 이를 실험으로 구현해보기로 했습니다. 먼저 진자 운동의 주기, 역학적 에너지 보존 등에 대해 학습을 진행한 후, 이를 이용하여 단진자들의 복합체인 펜듈럼 웨이브를 만들었습니다. 다양한 패턴의 종류를 보여줄 수 있도록 3배수 묶음 단위인 총 21개의 진자로 복합체를 구성한 후 각 진자의 주기를 계산했습니다. 그 다음 펜듈럼 웨이브가 진동하는 모습을 영상으로 촬영한 후 이를 1~3개의 진행파 패턴과 정상파 패턴으로 분류하였습니다. 이러한 실험과정을 보고서로 작성하면서 펜듈럼 웨이브의 규칙성을 정리해볼 수 있었고 물리2에서 다뤄지는 단진자 운동의 원리를 실험 활동을 통해 깊이 이해할 수 있는 기회가 되었습니다. 또한 다양한 펜듈럼 웨이브의 형태를 설계해볼 수 있었고 이를 활용하여 기계의 움직임을 설계하는 과정에서 반영되는 역학적 원리의 중요성을 느낄 수 있었습니다.

여러 활동을 통해 기계의 설계나 구동 방식을 익히고자 꾸준히 노력해왔습니다. Ev3 특강을 통해 주어진 부품으로 다양한 목적의 로봇을 조립하여 여러 문제를 해결할 수 있다는 가능성을 느껴 로봇공학에 관심이 생겼습니다. 그래서 더 많은 로봇 관련 활동을 경험하기 위해 로봇소리 동아리에 가입했습니다. 동아리 구성원들과 제작할 기구에 대한 아이디어를 모으던 중, 사람에게 편리함을 주는 기구를 만들기로 의견을 모았습니다. 그래서 사람이 일일이 빨래를 개야 하는 불편함을 완화하기 위해 기존에 없던 빨래 접이 기계를 만들기로 했습니다. 빨래 접이 기계를 만들기 위해 옷을 접기 위한 판 사이사이에 서보모터를 집어넣어 판이 접힐 수 있도록 하였고, 아두이노 특강과 수업에서 배운 코딩을 활용하여 서보모터를 작동시키기로 했습니다. 하지만 1차 제작을 완료하고 시리얼 통신으로 특정 알파벳을 입력하여 작동을 시도했으나 의도대로 움직이지 않았습니다. 원인을 분석해 본 결과 서보모터에 충분한 전력이 공급되지 않았다고 판단해 외부전력을 연결하여 문제를 해결했습니다. 이 활동을 통해 모터, 센서 등의 부품을 활용하여 기계를 제작하고 이를 구동하는 경험을 쌓을 수 있었습니다. 이 과정에서 로봇의 효율적인 작동을 위해서는 인공지능을 접목해 로봇의 자율성을 강화해야 한다고 생각했습니다. 그래서 로봇 소프트웨어 개발 수업에 참여해 KNN알고리즘을 이용한 지도학습으로 색 인식이 가능하도록 함수를 작성하였고 이를 이미지 인식으로 확장하여 원리와 종류, 활용 분야를 추가로 조사해보면서 로봇의 자율 판단을 위한 알고리즘의 기초를 익힐 수 있었습니다. 이처럼 다양한 로봇 관련 활동들을 통해 저의 목표를 구체화하고 로봇의 움직임을 설계하고 제작하기 위한 기반을 다질 수 있었습니다.

3번 대학별 문항(홍익대)

어릴 때부터 몸이 불편한 누나를 도와주면서 언제, 어떤 상황에서든 도움을 줄 수 있도록 로봇을 활용하는 방안을 생각했습니다. 그래서 저는 일상생활의 여러 상황에서 효과적으로 도움을 줄 수 있는 로봇을 설계하고 제작하는 로봇공학자가 되고자 합니다. 이를 위해서는 기계나 로봇을 목적에 맞게 효율적으로 설계하고 동작을 제어하는 능력을 기를 필요가 있다고 판단하여 홍익대학교 기계시스템디자인공학과에 지원하게 되었습니다.

로봇 기구 개발 수업 중 기존에 배웠던 코딩과 설계 등을 활용하여 자율 작품을 제작하는 팀 프로젝트를 진행하였고 친구와 논의하여 로봇 팔을 만들어 보기로 했습니다. 먼저 팔의 집게 관절에 들어갈 모터의 개수, 제어 방식 등을 고려하여 설계를 진행했습니다. 우선 CAD로 로봇 팔의 도면을 그려 전체적인 형태를 구상하였습니다. 그 후 로봇 팔 안에 들어가는 모터가 정해진 방향으로 움직일 수 있도록 아두이노로 코딩을 진행했고 앱인벤터를 이용하여 블루투스로 연결된 휴대폰에서 팔의 움직이는 각도를 조정할 수 있도록 제작하였습니다. 그리고 3D 프린팅으로 출력해온 부품으로 형태를 구성했습니다. 그 후 개선점을 찾아 모터와 로봇 관절 구조의 접합 상태, 관절 부위의 유동성을 개선하고자 노력하였으나 정교한 움직임까지는 구현이 어려웠습니다. 이 경험을 통해 원하는 움직임을 구현하기 위해서는 설계 능력을 강화해야 하며 로봇을 제작하거나 제어할 때 고려해야 할 동역학적 요소들이 매우 다양하다는 사실을 깨달았습니다. 그래서 홍익대학교에 입학하여 이에 대한 전문성을 쌓아 제 목표를 이루기 위해 최선의 노력을 다할 것입니다.

의학계열

2022학년도 강원대 수의학과(이**)

1번 문항

평상시 새로운 문제 상황에 직면했을 때 상황을 분석하고 여러 분야의 과학적 지식을 적용하여 끈기 있게 해결 방안을 모색하는 사고과정을 길렀습니다. 팜유 개발로 인해 오랑우탄 서식지가 줄어들고 있다는 지문을 읽고 이와 연계된 영어 칼럼을 발표하며, 포식자 침입 시 동물의 행동을 센서로 감지하여 사전에 밀렵을 방지한다는 다소 생소한 내용을 친구들에게 효과적으로 전달하기 위한 방안을 고민했습니다. 동아리 시간에 NXT 코딩을 활용하여 제작한 로봇을 작동시켰던 경험을 떠올렸고 여기에 소리 감지 센서를 연결한 후 소리와 같은 자극에 반응하도록 제작했습니다. 작동 모습을 촬영한 짧은 영상을 발표 자료에 포함시켜 친구들의 이해를 도왔습니다. 이후 친구들과 함께 NXT를 직접 작동해보고 지식을 공유하며 뿌듯함을 느꼈습니다. 비슷한 사례로 조류의 행동을 감지하여 바이러스의 이동경로를 추적하는 GPS의 원리와 가축 질병 감지 모니터링 시스템에 대해 탐구하며, 공학 기술이 평소 관심 있던 가축방역에서도 응용될 수 있다는 사실에 흥미를 느꼈고, 야외 현장에서의 효과적인 동물 보호 및 치료 방안을 개발하고 연구하고자 하는 의지를 다졌습니다.

고급생명과학의 진로 스크랩 활동에서 동물용 백신의 연구 개발 동향을 조사하면서 인수공통전염병과 바이러스 돌연변이에 대한 이해를 높일 수 있었습니다. 인수공통전염병에는 일반적으로 동물이 주된 전파 매개체가 되어 인간에게 전염병을 옮기는 사례가 많았고 백신 개발에서도 인체용에 비해 동물용 백신 개발 투자가 미미했습니다. 동물용 백신의 낮은 수익성의 근본적인 이유가 다양하고 복잡한 숙주의 특성으로 빈번하게 발생하는 돌연변이로 인한 것임을 깨달았습니다. 이후 바이러스 돌연변이의 메커니즘에 대해 관심이 생겨 학급 특색 활동 시간에 코로나 바이러스 델타 변이의 높은 전염성을 분석하여 친구들과 공유하면서 복잡한 숙주로 인한 빈번한 돌연변이에 유연하게 대처할 수 있는 동물용 백신 개발 연구에 참여하고자 하는 목표를 세웠습니다.

　　이후 유전자 가위에 관한 토론 자료 조사 과정에서 크리스퍼 유전자 가위를 이용하여 동물실험 대체 조직을 만들 수 있다는 사실을 발견했습니다. 평소 동물의 생명이 지나치게 희생되는 상황의 심각성을 느껴왔던 저는 이 주제에 흥미를 느꼈습니다. 관련 도서를 읽고 크리스퍼 유전자 가위의 메커니즘을 정리하여 탐구일지를 작성했고 추가로 미니 장기 오가노이드에 대한 자료를 탐구했습니다. 오가노이드 개발 과정에서도 배아줄기세포에 대한 윤리적 문제를 유도만능줄기세포를 이용해 해결할 수 있음을 알게 되었고 정리한 사고과정을 친구들과 공유했습니다. 이 경험들을 통해 윤리적 측면과 효율성을 고려한 동물 실험 대체 방안에 대해 깊이 이해했으며 열악한 동물 복지와 동물용 백신의 개발 문제를 해결하기 위해 필요한 연구를 진행하고 싶다는 목표를 구체화할 수 있었습니다.

이처럼 평소 문제 상황을 해결하기 위한 사고과정을 통해 공중방역수의사가 되어 현장과 연구 분야를 열렬히 오가며 인간과 동물의 건강과 보건 증진에 기여하고자 하는 꿈을 키웠습니다.

2번 문항

저는 공동체 구성원과의 적극적인 소통으로 소외된 약자에 대한 긍정적인 인식 변화를 이끌어내고자 노력했습니다. 1학년 자율동아리 시간에 동물 위탁 제도 폐해와 동물 보호법 개선의 필요성을 강조한 기사를 읽은 후, 근처 유기 동물 센터에 기부를 하자는 의견이 나왔습니다. 붕괴하는 유기 동물 시스템의 현실을 효과적으로 널리 알리기 위해 유기견 후원 뱃지를 제작하여 학생들을 대상으로 판매하고 그 수익금을 기부하기로 했습니다. 뱃지 디자인을 고민하다가 대부분의 학생들이 학교 마스코트로 인식하고 있는 학교 내 길고양이를 모델로 정했습니다. 뱃지를 제작한 후, 1학년 홍보 활동을 담당하여 모든 반을 돌아다니며 뱃지 판매와 함께 유기 동물 보호의 필요성을 알렸습니다. 기부금 확보가 예상보다 더디다는 부장 선배의 말에 더 적극적인 홍보가 필요하다고 판단했고 선생님들께도 개인적으로 다가가 홍보 활동을 진행했습니다. 바쁜 시기에 많은 시간을 소모해야 하는 활동을 하면서 어려움이 있었지만 조원들과의 협업을 통해 극복하고 유기 동물에 대한 공감대를 바탕으로 친구들의 관심과 변화를 이끌어낼 수 있었습니다. 문제 인식에 그치지 않고 해결 과정에 직접 참여했다는 점에서 성취감을 느꼈습니다. 또한 학교 학생들과 함께 기부 활동을 하면서 유기 동물 시스템의 문제를 동물만의 문제가 아닌 우리와 함께 살아가는 사회의 구성원으로서의 문제임을 알리면서 소통을 통한 공유의 가치를 깨달았습니다. 이 활동이 동기 부여가 되어 유기 동물 기부 활동뿐만 아니라 소외된 동물을 위한 전염병 연구와 의약품 개발에 정진하며 노력하겠다는 의지를 다질 수 있었습니다.

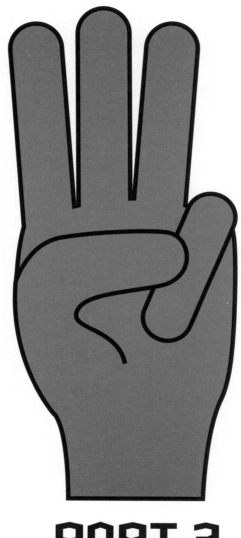

PART 3

합격의
최종 관문,
면접

면접은 어떻게 준비해야 하나요?

학생부종합전형을 준비하는 학생들 중에서 면접을 미리 준비하는 학생은 그리 많지 않다. 서류 통과도 보장할 수 없는 상황에서 면접 준비를 미리 해 두는 것은 시간 낭비라 생각하기 때문이다. 그래서 대부분 서류 통과 전에 가볍게 준비하다가 서류가 통과되면 그제서야 면접에 집중하는 모습을 보인다. 문제는 이런 케이스의 학생들이 불합격하는 사례가 많다는 것이다. 면접 준비도 가능한 빨리 시작하는 것이 입시에 유리하다고 아무리 말을 해도 시간이 부족하다는 이유로 늦게 시작하는 학생들이 너무 많다. 입시가 끝난 후에는 후회해 봤자 소용없다.

대학교 면접은 다양한 방법으로 진행된다. 과거에 비해 난이도가 높아졌다는 뜻이다. 단순히 자신이 작성한 자소서 내용을 바탕으로 친구들과 몇 번 연습해 보는 것이 면접 준비라고 생각하면 오산이다. 학생부종합전형을 너무 쉽게 생각하고 만만하게 봐서는 안 된다. 지금까지의 노력을 헛되게 하지 않으려면 철저한 면접 준비가 필요하다. PART 3에서는 자신에게 맞는 면접 준비 방법에 대해 자세히 소개하고자 한다. 가장 치열한 단계가 바로 면접이라 생각하고 미리미리 준비해야 한다. 자신이 지원하려는 학교의 면접 방식에 대한 자료를 확인한 후 제시한 방법에 따라 철저하게 준비하기 바란다.

제 답변에 대한 평가는 어떻게 하나요?

면접에서 정답은 존재하지 않는다. 하지만 자기 생각을 정확히 이해시키는 것과 면접관이 질문한 의도가 무엇인지를 확인한 후 그에 맞춰 답변하는 것이 필요하다. 따라서 과거 기출문제를 확인하고 그 문제를 통해 여러 번 연습해 보는 것이 좋다. 하지만 기출문제가 동일한 형태의 질문으로 나오는 경우는 거의 없기 때문에 본인이 예상 문제를 만든 후 연습하는 것도 좋은 방법이다.

답변은 즉흥적으로 말하는 경우와 미리 고민하고 답변을 정리한 다음 대답하는 경우 두 가지로 나눌 수 있다. 구술면접이나 제시문 면접, 토론 방식 면접은 어떤 질문이 나올지 모르기 때문에 가능한 다양한 방법으로 실전 연습을 해 봐야 한다. 자신이 작성하거나 답변한 내용이 논리적인지와 설득력이 있는지를 확인하는 방법이 있는데, 직접 녹음한 후 들어보거나 전문가의 도움을 받는 것도 문제점을 수정할 수 있는 좋은 방법이다. 단계별 면접 준비 전략을 참고하여 꾸준히 준비한다면 불안감이 자신감으로 바뀔 수 있을 것이다.

실전 연습은 어떻게 하나요?

면접일이 가까워질수록 불안감은 커지기 마련이다. 그래서 학생들은 주로 혼자서 연습하려 한다. 하지만 혼자서 연습하는 것은 좋은 방법이 아니다. 실전 연습을 할 때는 항상 옆에서 봐 주는 사람이 있는 것이 좋다. 평가해 줄 수 있을 뿐만 아니라 상대방에게 말하는 것처럼 연습하는 것이 더 유리하기 때문이다. 그리고 실전에서 발생할 수 있는 돌발상황에 대해 고민해 보고 대처하는 연습도 필요하다. 또한 어떤 질문이 나올지, 어떤 상황이 발생할지 모르기 때문에 막연하게 불안감이 생길 수밖에 없다. 불안감이 큰 학생은 면접 때 더 많이 긴장하고 준비한 내용을 제대로 말하지 못하고 나오는 경우가 많기 때문에 실전 연습을 할 때 발생할 수 있는 여러 돌발상황에 대비해 보는 연습도 필요하다.

면접 또한 철저히 준비하고자 하는 마음가짐이 중요하다. 서류가 통과됐다고 모든 게 끝났다고 생각하는 것은 매우 위험한 생각이다. 지원한 모든 대학교에서 서류는 통과됐지만 면접에서 모두 탈락해 재수하는 학생들이 매년 나오고 있다. 면접이라는 마지막 관문을 통과하기 위해서는 철저한 면접 준비와 실전 연습을 꾸준히 진행해야 한다. 이 과정을 잘 유지해 나간다면 면접은 가장 자신 있는 단계가 될 수 있을 것이다.

01

면접, 왜 중요할까?

2단계에서는 1단계 성적 70%와 면접 30%가 반영됩니다. 1단계 성적 반영 비율이 높지만, 1단계에서 모집 인원의 2.5~3배수 이내에 선발된 합격자들의 서류 평가 점수는 대체로 조밀하게 분포되어 있습니다. 따라서 면접 평가 결과에 따라 1단계 서류 평가에서 상대적으로 후순위에 있던 학생이 합격권에 들어올 수 있습니다. 실제로 2018학년도 Do Dream 전형에서는 2단계 면접에 응시한 1단계 합격자의 약 30%가 면접 평가 결과에 의하여 합격 당락이 뒤바뀌었습니다. 즉, 10명 중 3명 정도의 지원자가 면접 평가 결과에 따라 합격 당락이 바뀌었다고 볼 수 있습니다. 이처럼 서류 평가 결과를 만회할 수 있는 기회가 되기도 하므로 면접까지 최선을 다하여 임해야 합니다.

_동국대학교 입학사정관의 설명 중

지원 학교나 모집 단위별로 차이가 있긴 하지만 수십 대 일의 경쟁률을 보이는 학생부종합전형에서 1단계를 통과하기란 결코 쉬운 일이 아니다. 1단계 서류 통과 자체가 어렵다 보니 2단계 전형, 즉 면접 준비는 우선순위에서 밀리거나 구체적으로 고민하지 않는 경우가 많다. 원서 접수 이후 시간 여유가 생기더라도 합격 여부가 결정되지 않았다는 이유로 면접 준비를 뒷전으로 미루기 일쑤다.

　　평소에 말하는 건 자신 있으니까 서류만 통과하면 된다고 생각하는 학생들도 많다. 과연 면접은 평소 말하기 실력 정도면 충분한 걸까? 결론부터 말하자면 'NO'다. 일상생활에서의 말하기와 면접에서 말하기는 다르다. 대상·상황·목적이 다르기 때문이다. 머릿속으로나 글로는 잘 정리된 것 같았던 내용도 막상 타인 앞에서 설명하고자 하면 잘 떠오르지 않거나 횡설수설했던 경험이 분명 있을 것이다. 게다가 상대는 부모님이나 친구가 아니다. 나의 대학 입학 여부를 평가하는 면접관이다. 그리고 내게 어떤 질문이 던져질지 정확히 알 수도 없다. 답변을 했다 하더라도 과연 내 답변이 면접관을 만족시킬 수 있는 답변일지 장담하기도 어렵다. 이런 상황들만 가정하더라도 면접은 분명 고난도 시험임이 틀림없다.

　　학생부종합전형은 대체로 1단계 서류 평가 점수와 2단계 면접 전형 점수를 합산하여 최종 합격자를 선발한다. 1단계를 통과하면 실질 경쟁률이 3:1 내외로 줄어들면서 합격 가능성이 급격히 높아진다. 높은 경쟁률을 감안한다면 1단계 합격자들의 스펙은 엇비슷할 것이다.

2023학년도 대입 주요 대학 학생부 종합전형 면접 반영비율

비율	대학명
50%	가천대(가천바람개비), 동덕여대(동덕창의리더), 서울대(일반전형), 서울여대(바롬인재면접), 공주교대(학생부종합), 서울교대(학생부종합), 청주교대(학생부종합-배움나눔인재)
40%	고려대(계열적합형), 덕성여대(덕성인재-면접형), 삼육대(세움인재), 서울시립대(학생부종합-면접형), 숙명여대(숙명인재-면접형), 연세대(활동우수형, 국제형), 한국외대(면접형), 부산교대(학생부종합), 청주교대(학생부종합-지역인재), 전주교대(학생부종합)
30%	가톨릭대(잠재능력우수자), 건국대(KU자기추천), 경기대(KGU학생부종합), 경희대(네오르네상스), 고려대(학업우수형), 광운대(광운참빛인재), 국민대(국민프런티어), 동국대(Do Dream), 명지대(명지인재), 상명대(상명인재), 서울과학기술대(학교생활우수자), 서울대(지역균형), 성신여대(자기주도인재), 세종대(창의인재-면접형), 숭실대(SSU미래인재), 아주대(ACE), 인천대(자기추천), 인하대(인하미래인재), 중앙대(다빈치형인재), 한국항공대(미래인재), 경인교대(학생부종합), 광주교대(학생부종합), 대구교대(학생부종합), 진주교대(학생부종합)

경쟁자들은 나보다 내신성적이 높을 수도, 서류 경쟁력이 좋을 수도 있다. 그렇기 때문에 합격을 위한 마지막 관문, 면접에서 승부수를 던져야만 한다. 학교와 전형에 따라 면접 반영 비중이 다르긴 하나, 학생부종합전형 확대로 주요 대학의 경우 면접에 대한 중요도가 높아지고 있는 게 사실이다. 특히 상위권 대학의 경우 심층 면접 난이도가 상승하고 있다는 사실을 고려한다면, 최소 30%에서 60%까지도 반영되는 면접은 당락에 충분히 영향을 미칠 수 있다. 따라서 면접 역시 서류 준비만큼 전략적 대비가 필요하다.

우선 면접 준비에 있어서 가장 먼저 해야 할 일은 지원 대학의 면접 반영 비율과 유형, 평가 기준을 확인하는 것이다.

그렇다면 각 대학이 면접을 통해 평가하고자 하는 바는 무엇일까? 학생부종합전형에서 면접은 2~3인의 면접관이 지원자가 제출한 서류의 사실 여부를 판단하고 전공 적합성, 발전 가능성, 인성 등을 종합적으로 평가하는 자리다. 다만 대학마다 중점을 두는 가치가 조금씩 다르기 때문에 면접 평가 방법과 평가 기준 요소를 반드시 확인한 후 준비하는 것이 중요하다.

2022학년도 대입 주요 대학 학생부종합전형 면접 평가 방법

대학	전형명	면접 기준	면접 방법
가톨릭대	잠재능력우수자전형 가톨릭지도자추천 학교장추천전형	학업역량, 전공적합성, 인성, 발전 가능성	제출 서류 기반, 10분 내외의 2:1 개별면접(의예과는 20분 내외의 인적성면접 포함)
건국대	KU자기추천전형	학업역량, 전공적합성, 인성, 발전가능성	제출 서류 기반, 10분 내외의 2:1 개별면접 ※2022학년도 기준 현장 비대면 면접으로 진행
경기대	KGU학생부종합전형	발전가능성(적성 및 흥미), 의사소통능력 및 인성영역(공동체 의식)	제출 서류 기반, 10분 내외의 2:1 개별면접 ※2022학년도 기준 현장 비대면 면접으로 진행
경희대	네오르네상스전형	학업역량, 전공적합성, 인성, 발전 가능성	제출 서류 기반, 8분 내외의 2:1 개별면접(의·약학계열 18분 내외의 제출 서류+제시문 면접)
고려대	학업우수형	분석력, 적용력, 종합적사고력, 면접태도	제시문 기반, 6분 내외의 개별면접(답변준비시간 12분 부여, 필요 시 제출 서류에 기재된 내용을 확인) ※2022학년도 기준 현장 비대면 면접으로 진행
	계열적합형		제시문 기반, 7분 내외의 개별면접(답변준비시간 21분 부여, 필요 시 제출 서류에 기재된 내용을 확인) ※2022학년도 기준 현장 비대면 면접으로 진행

광운대	광운참빛인재전형	학업역량, 전공적합성, 인성, 발전가능성	제출 서류 기반, 10분 내외의 2:1 개별면접
국민대	국민프런티어전형	전공적합성, 인성, 자기주도성 및 도전정신	제출 서류 기반, 10분 내외의 3:1 개별면접
동국대	Do Dream전형	자기주도학습능력, 전공적합성, 인성 및 사회성, 지원동기	제출 서류 기반, 10분 내외의 2:1 개별면접
명지대	명지인재면접전형	인성, 전공적합성, 의사소통능력	제출 서류 기반, 10분 내외의 2:1 개별면접
상명대	상명인재전형	인성, 전공적합성, 발전가능성	제출 서류 기반, 10분 내외의 2:1 개별면접
서울과학기술대	학교생활우수자전형	인성 및 의사소통능력, 논리적 사고력, 전공적합성, 발전가능성	제출 서류 기반, 10분 내외의 2:1 개별면접 지원 전공에 대한 기본 소양 확인
서울대	지역균형선발전형	학업능력, 학업태도, 학업 외 소양	제출 서류 기반, 10분 내외의 多:1 개별면접(미술대학 15분 내외, 의과대학 20분 내외, 모집단위 별 제시문 및 면접시간 상이)
	일반전형		제시문 기반, 15분 내외의 多:1 개별면접(답변준비시간 30~45분 부여)
서울시립대	학생부종합	학업역량, 잠재역량, 사회역량	제출 서류 기반, 12분 내외의 2:1 개별면접
서울여대	학생부종합전형(바롬/플러스/SW융합인재)	전공적합성, 발전가능성, 인성 및 의사소통능력	제출 서류 기반, 12분 내외의 2:1 개별면접
성균관대	학과모집(의예/사범대/스포츠과학)	학업역량, 개인역량, 잠재역량	제출 서류 기반, 10분 내외의 2:1 개별면접(의예과 30분 내외의 다중 미니면접) ※2022학년도 기준 현장 비대면 면접으로 진행
성신여대	자기주도인재전형	인성, 전공적합성, 학업역량, 발전가능성	제출 서류 기반, 10분 내외의 2:1 개별면접
세종대	창의인재전형	학업역량, 전공적합성, 인성, 창의성 및 발전가능성	※2022학년도 기준 사전 공개 된 면접 문항에 대한 답변을 직접 녹화 및 업로드 함. 다수의 면접관이 평가.

대학	전형	평가 요소	면접 방식
숙명여대	숙명인재 II (면접형) 전형	전공적합성 및 사고력, 의사소통 능력 및 인성	제출 서류 기반, 10~15분 내외의 2:1 개별면접(약학부 20~30분 내외 제출 서류+제시문 면접) ※2022학년도 기준 현장 비대면 면접으로 진행
숭실대	SSU미래인재전형	전공적합성, 인성, 잠재력	제출 서류 기반, 10분 내외의 2:1 개별면접 ※2022학년도 기준 비대면 면접으로 진행
아주대	ACE전형	학업역량, 주도성, 대인역량, 의사 소통능력	제출 서류 기반, 10분 내외의 2:1 개별면접 (의예과 20분 내외) 면접평가 결과 과락에 해당하는 성적 시 예비번호 부여하지 않고 불합격 처리
연세대	활동우수형 국제형		제시문 기반, 대학 수학에 필요한 기본 학업역량을 복수의 평가위 원이 평가 ※2022학년도 기준 현장 비대면 녹 화 면접 진행
인천대	자기추천전형	전공적합성, 발전가능성, 인성사 회성, 의사소통능력	제출 서류 기반, 10분 내외의 2:1 개별면접
인하대	인하미래인재전형	지성, 적성, 인성, 종합	제출 서류 기반, 2:1 개별면접(의 예과 3:1 개별면접)
중앙대	다빈치인재전형	학업준비도, 서류신뢰도, 인성 및 의사소통능력	제출 서류 기반, 10분 내외의 2:1 개별면접
한국외대	학생부종합(면접형) SW인재전형	계열적합성, 종합적 판단력과 문 제해결력, 공동체의식과 가치관	제출 서류 기반, 2:1 개별면접

대부분의 학교는 제출한 서류의 신뢰도를 검증하기 위해 자소서와 생기부 내용을 토대로 질문하는 방식의 서류 기반 면접을 실시한다. 이와 같은 면접의 경우 본인의 서류를 기반으로 질문이 만들어지기 때문에 학생들 스스로가 대학별 면접 평가 기준을 반영하여, 미리 예상 질

문을 만들어 사전에 답변 내용을 준비하는 것이 가능하다. 또 일부 대학에서는 변별력을 확보하기 위해 제시문을 활용하여 전공 적합성과 학업 능력을 평가하는 경우도 있다. 의대에서는 상황제시형 다중면접을 통해 지원자의 문제 해결 능력과 의사소통 능력을 평가하기도 한다. 따라서 대학별, 계열별, 전형별로 조금씩 다른 면접 유형을 미리 확인하고 준비하는 것이 반드시 필요하다. 제시문 활용 면접이나 집단면접 등을 준비한다면 전형 가이드뿐만 아니라 매년 각 대학이 공개하는 「선행학습 영향평가 보고서」를 찾아서 확인하는 것이 좋다. 여기에는 전년도 기출문제와 출제 의도, 채점 기준 등이 제시되어 있기 때문에 이를 꼼꼼히 살펴서 분석한다면 면접에 대비하며 방향성을 찾는 데 큰 도움을 줄 것이다.

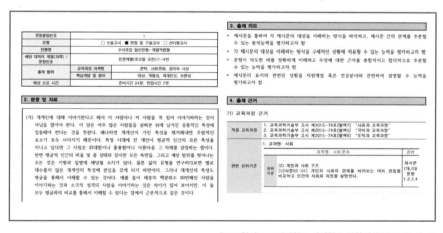

「2021학년도 고려대학교 선행학습 영향평가 연구보고서」 중

02
면접 유형에 따른 전략

① 서류 기반 면접

> 서류 기반 면접에서는 학생들이 고등학교 생활 동안 경험했던 내용을 바탕으로 면접이 진행됩니다. 학교 생활기록부나 자기소개서에 담겨 있는 본인의 경험을 되돌아보고 어떤 의미가 있었었는지 되짚어 생각해 보는 것이 가장 좋은 면접 대비 방법일 것입니다. 그리고 10분 내외로 면접위원 앞에서 본인의 생각을 이야기해야 하므로 평소 학교에서 토론이나 발표 시간에 자신의 생각을 조리 있게 이야기하는 경험을 하는 것이 도움이 됩니다.
>
> _서울대학교 입학사정관 설명 중

서류 기반 면접은 지원자가 제출한 생기부와 자소서 등을 바탕으로 면접관이 서류 내용 중 진위 확인이 필요한 사항에 대해 질문하고, 지원자가 이에 답하는 형태다. 대체로 면접관은 자소서 문항에 적힌 답변 내용이 부족하다고 느껴지거나, 또는 생기부를 통해 지원자의 강점과 자질로 보였던 점에 대해 구체적으로 질문하며, 답변을 통해 지원자의 자기주도성, 인성, 전공 잠재력 및 발전 가능성을 종합적으로 평가

서류 기반 면접 문항 (예시)

서류 근거		문항
생기부	교과 학습 발달사항	수학, 과학 성적에 비해 다른 과목 성적이 낮은데, 이를 극복하기 위해 어떤 노력을 기울였는가?
	세부 능력 및 특기사항	확률과 통계 수업에서 통계의 활용에 대해 발표했는데, 어떤 방법으로 조사하였고 준비 과정에서 새롭게 알게 된 점은 무엇인가?
	창의적 체험 활동	건축동아리 부장으로 활동하면서 가장 힘들었던 점은 무엇인가? 또 이를 어떤 방법으로 극복하고자 하였는가?
	수상 경력	과제연구대회에서 미래 교실의 변화 예측이라는 주제로 설문 조사를 실시했는데, 설문 문항을 어떻게 구성했으며 설문 결과를 분석한 방법은 무엇이었는가?
	봉사 활동	보육원 봉사를 통해 어떠한 제도적 변화가 필요하다고 생각했는가?
	독서 활동	책을 통해 알게 된 GMO 기술에 대한 본인의 견해는 어떠한가?
자소서	1번 문항	자소서에서 '죄수의 딜레마와 상생의 전략'이라는 주제로 연구를 진행했는데, 여기서 말하는 '상생'의 대상이 누구인가? 그리고 '죄수의 딜레마'가 무엇인지 설명할 수 있는가?
		기아와 난민 해결 방안을 의제로 모의 유엔을 진행했다고 했는데, 의제에 대한 세계 각국의 태도를 알려 주고, 본인의 입장은 어떤지 이야기해 보세요.
	2번 문항	학급회장과 동아리 부장으로 활동하면서 리더로서 본인의 장점과 개선할 점은 무엇이라고 생각하는가?
	3번 문항	회계사로서 갖추어야 할 자질은 무엇이라고 생각하는가? 우리 학과가 회계사라는 본인의 진로에 어떤 도움을 줄 수 있을 거라 생각하는가?

한다.

예를 들어 앞에서 제시된 예시 문항 같이 면접관은 '성적이 낮은 과목을 극복한 과정'에 대한 답변을 통해 자기주도성과 발전 가능성을 동시에 평가한다. 또 '심화 학습 또는 연구 활동 과정과 결과'를 물어봄으로써 전공 분야에 대한 관심도나 기초지식, '리더십을 발휘한 사례' 등을 구체적으로 구술하게 하여 지원자의 도덕성과 공동체의식, 의사소통 능력 등을 평가하기도 한다.

서류 기반 면접은 면접 문항이 사전에 제공되지 않고, 면접실 입실 후 바로 질의응답을 통해 이루어지고, 제출한 서류에 있는 내용을 구체적으로 파고드는 돌발질문을 하는 경우가 많다. 따라서 서류 내용을 정확하게 숙지하는 것은 기본이고, 이를 토대로 이뤄질 수 있는 질문을 예상해 보고 준비해야 실제 면접에서 당황하지 않고 답변할 수 있다.

자신의 생기부와 자소서를 꼼꼼하게 분석하여 예상 질문과 답변을 미리 만들어 보자. 특히 자신의 생기부에 기재된 내용의 의미를 파악하여 활동 결과보다는 동기와 과정, 그리고 이 활동이 자신의 성장과 진로에 어떤 영향을 미쳤는가를 짧은 문장으로 정리한 후 대답하는 것을 반복하다 보면 서류 기반 면접은 자연스럽게 준비될 것이다.

② 제시문 기반 면접

심층 면접은 고사실 입실 전에 제시문과 면접 문항을 보고 답변을 준비할 시간이 제공됩니다. 제시문의 문항을 중심으로 면접이 이루어지며 제시문과 관련된 추가 질의가 이루어지기도 합니다. 지원 계열 및 전형에 부합하는 문항을 통하여 지원자가 얼마나 논리적으로 답변을 구성하고 해당 지원 계열에 맞는 **학업 역량**을 준비해 왔는가를 확인하게 됩니다. 따라서 고교 교육과정 내에서 충실히 공부했다면 큰 어려움 없이 이해할 수 있는 수준에서 출제가 이루어집니다. 면접 문제지를 받으면 문항에서 묻고자 하는 바가 무엇인지 정확하게 파악하고 논리적 일관성을 바탕으로 답변하면 됩니다.

_고려대학교 입학사정관의 설명 중

제시문 기반 면접에서 지원자들은 제한된 시간 동안 제시문을 읽고 관련 문항에 대한 답변을 준비하게 된다. 문제 유형은 논술 제시문 형태와 비교적 유사하며, 주어진 자료를 이해하고 분석한 후 이를 근거로 문제에 대한 답변을 요구하는 유형이 대다수이다. 면접관은 이를 통해 지원자의 논리적 사고력과 의사소통 능력을 평가하게 된다.

제시문 기반 면접에 대비하기 위해서는 먼저 각 대학의 면접 기출 문제 분석을 통해 제시문의 유형과 난이도, 관련 교과 범위를 확인해야 한다. 제시문 면접을 실시하는 대학마다 특이점이 있기 때문에 이를 반영하여 면접 대비 연습을 해야 한다.

대학명	문항

연세대

※ 다음 제시문을 읽고 질문에 답하시오.

[가]

　임금이 말하기를, "지금 한성(漢城) 안에 전염병이 크게 유행하는 것을 알 수 있으니, 조정의 각 부처는 백성들을 구호하고 치료하는 데 힘쓰라. 또 성(城) 안의 공사가 한두 가지가 아니어서 경기(京畿)에 사는 부역 의무를 진 자들도 와서 일을 해야 하니, 이 무리들이 집을 떠난 채 전염병에 걸린다면 반드시 죽음을 면하지 못할 것이다. 그 가운데 다음 달에도 일을 하러 올라오는 이들이 있다면 통첩을 내어 도중에 돌아가게 하는 것이 어떠할까 하노라" 하니, 종서 등이 아뢰기를, "전염병은 여러 사람들이 모인 가운데서 잘 퍼지는 것입니다. 신 등의 생각이 이에 미치지 못하였는데, 주상의 말씀이 옳습니다." 하였다.(세종실록 56권, 세종 14년(1432년) 4월 22일 기사)

　임금이 전염병에 걸린 자를 구호하지 못하고, 혹 생명을 상하게 하는 데에 이를 것을 염려하여 사람을 시켜서 거리를 돌아보게 하였더니, 소격전(昭格殿)의 종인 눈 먼 여자 복덕(福德)이 아이를 안은 채 식량이 끊어져서 거의 죽게 되었다 하므로 임금이 놀라서 즉시 형조에 명을 내려 소격전의 전지기[殿直] 선숭렬(宣崇烈)과 북부령(北部令) 유열(柳悅)을 추국(推鞫)*하게 하고, 복덕에게는 쌀과 콩 각 1석(石)을 주게 하였다.(세종실록 56권, 세종 14년(1432년) 4월 23일 기사)

*추국(推鞫): 조선시대 임금의 명에 따라 의금부(義禁府)에서 중죄인을 불러 심문하던 일.

[나]

　조르조 아감벤은 "또 다른 유행성 독감의 변종에 불과한, 감염병으로 추정되는 코로나 바이러스를 막기 위해 취해진 광적이고 비합리적이며 전혀 근거 없는 비상 조치들"을 개탄했다. 그는 "예외 조치들을 정당화하는 데 테러리즘의 쓸모가 바닥나자, 감염병을 발명함으로써 어떤 제약도 받지 않고 그러한 조치들을 확장할 수 있는 이상적인 구실을 찾아냈다"고 말한다. 아감벤은 이 "터무니없이 과도한 대응"이 벌어진 주된 이유가 "예외 상태를 일상적인 지배의 패러다임으로 삼으려는 경향"에 있다고 본다. 비상 상황에서 내려진 조치들 덕분에 정부는 행정명령을 통해 우리의 자유를 심각하게 제한할 수 있다.

[다]

A(뉴스 앵커): ○○국가 ○○○재단에서 'COVID-19' 관련 보고서가 나왔다구요.
B(기자): 네. 학술 보고서, 보험 자료, 국가 기관의 통계를 바탕으로 작성한 보고서입니다.
A: 보고서의 핵심 내용은 뭡니까?
B: 네. 'COVID-19' 대유행으로 인해 아동 복지에 어떤 변화가 나타났는지 분석한 내용입니다.
A: 어떤 변화가 있었다고 하나요?
B: 네. 보고서에서는 직접적인 질병의 위험 외에도 'COVID-19'에 의한 감염병 확산이 학교 교육, 의료 서비스 제공 및 기타 정상적인 일상의 중단을 초래하여, 감염 여부에 관계없이 어린이의 건강과 복지에 영향을 미칠 수 있다고 말하고 있습니다. 위험 요인은 생각보다 광범위합니다. 예를 들어 학교 급식이 아니면 끼니를 챙길 수 없는 아동들이 있는데요, 이 아이들이

_2021학년도 연세대학교 학생부종합전형(활동우수형) 면접구술고사 문항

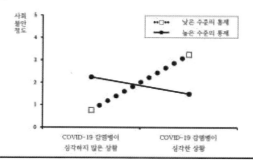

아동에게 미치는 부정적 영향 또한 매우 직접적이고 광대하다는 보고 내용도 있습니다. 주거 복지 상황이 좋지 않은 가정의 경우 사회적 거리 두기 기간 동안 아동 학대의 가능성이 높아진다는 보고 내용도 포함되어 있습니다.

A: 그렇군요. 그런데 감염병이 급속도로 확산되고 있는 상황에서 섣불리 사회적 거리두기 완화 조치를 내놓을 수도 없는 것이 현실인데요.

B: 물론 그렇습니다. 하지만 사회적 거리두기가 강화되고 이 강화 조치가 지속될 때 어떤 문제들이 생길 수 있는지 잘 살펴보고 대응책을 마련할 필요가 있겠습니다.

A: 네. B기자 수고 많으셨습니다.

[라] 다음 그래프는 'COVID-19' 감염병의 사회적 확산이 '심각하지 않은 상황'과 '심각한 상황'에서 통제 수준에 따라 사회 구성원들이 느끼는 불만의 정도를 나타낸다. 이 그래프에서 '사회 불안 정도'의 지수는 숫자가 커질수록 높은 수준을 의미하며 불안, 감염병의 확산, 통제 수준을 제외한 제반 상황은 동일한 것으로 가정한다.

[문제1] (40%)

1-1) 제시문 (가)와 (나)를 비교 분석한 후 '감염병 관리'에 대한 입장의 차이를 설명하시오.

1-2) 'COVID-19'에 의한 감염병 확산이라는 현상에 관련하여, 제시문 (가)와 (나)를 비판하시오.

[문제 2] (60%)

2-1) 제시문 (다)와 (라)를 연결하여, 핵심 논지를 설명하시오.

2-2) 제시문 (가)와 (나)에 대한 분석 내용을 바탕으로, 제시문 (다)와 (라)를 통해 드러난 사회 문제의 대안을 제시하시오.

_2021학년도 연세대학교 학생부종합전형(활동우수형) 면접구술고사 문항

(가) 패러데이는 1831년 자기장을 변화시켜 전류가 발생하는 현상을 발견하였다. 다양한 실험을 통해 도선에 만들어진 유도 기전력 V의 크기는 자기력선속 Φ의 시간에 대한 변화에 비례하는 것을 알아냈다. 이를 수식으로 나타내면 다음과 같고, 이를 전자기 유도 법칙 또는 패러데이 법칙이라고 한다.

$$V = -\frac{\Delta\Phi}{\Delta t}.$$

(나) 아보가드로는 기체의 종류와 관계없이 같은 온도와 압력에서는 같은 부피 속에 같은 수의 기체 분자가 들어 있음을 알아냈다. 이를 아보가드로 법칙이라고 한다. 특히 0˚C, 1기압에서 기체 1몰의 부피는 기체의 종류와 관계없이 22.4L로 일정하다. 따라서 0˚C, 1기압에서 기체의 부피를 알면 기체의 양(mol)을 구할 수 있다.

(다) 과학자들은 지층에 남아 있는 흔적들을 관찰하고 이를 해석하여 지층의 생성 순서를 상대적으로 정하고 지구 역사를 해석한다. 퇴적암에서 화석이 관찰되는 경우에는 하부 지층에서 상부 지층으로 갈수록 진화된 생물의 화석이 존재한다. 따라서 지층 속에 들어있는 화석군의 변천을 해석하여 지층의 생성 순서를 밝힐 수 있다. 이를 동물군 천이의 법칙 또는 생물군 천이의 법칙이라고 한다. 이 법칙을 이용하면 서로 멀리 떨어져 있는 지층의 선후 관계를 알아내는데 도움이 된다.

(라) 사람의 눈꺼풀 형질은 쌍꺼풀과 외까풀로 뚜렷하게 구분된다. 이와 같이 서로 대립 관계에 있는 형질을 대립 형질이라고 한다. 상동 염색체의 같은 위치에 존재하면서 한 가지 형질에 대해 대립 형질이 나타나게 하는 유전자를 대립유전자라고 한다. 부모의 유전자는 생식세포를 통해 자손에게 전달된다. 생식세포 분열 과정에서 상동 염색체가 분리될 때 상동 염색체에 있는 대립유전자 쌍도 서로 분리되어 다른 생식세포로

들어간다. 이와 같이 대립유전자 쌍이 감수 분열 과정에서 서로 다른 생식세포로 나뉘어 들어가는 것을 멘델의 분리의 법칙이라고 한다. 대립 형질에 대한 가계도 분석에 이를 이용하여 대립 형질의 우열 관계 및 개인의 유전자형을 밝힐 수 있다.

(마) 시장 가격은 시장 전체의 수요와 공급에 따라 결정된다. 수요는 시장 참여자가 재화나 서비스를 구매하려는 욕구이며, 상품에 대해 특정 가격에서 나타나는 수요를 수량으로 표시한 것이 수요량이다. 상품 가격이 변화하면 수요자의 반응으로 인해 수요량의 변화가 나타난다. 다른 조건이 일정할 때 상품의 가격과 수요량 사이에 음(-)의 관계가 나타나는 것을 수요의 법칙이라고 한다. 이에 따르면 수요자는 상품의 가격이 상승하면 수요량을 줄이고 상품의 가격이 하락하면 수요량을 늘린다.

(바) 어떤 시행에서 사건 A가 일어날 수학적 확률이 p이다. n번의 독립시행에서 사건 A가 일어날 횟수를 확률변수 X라고 할 때, 상대도수 $\frac{X}{n}$는 시행횟수 n의 값이 커질수록 수학적 확률 p에 가까워진다. 이것을 큰수의 법칙이라고 한다.

1. 과학 법칙이 만들어지는 과정을 제시문 (가)~(라)를 바탕으로 설명하시오.

2. 제시문 (가)~(라)에 소개된 법칙을 두 그룹으로 구분해보고 그 이유를 설명하시오.

3. 제시문 (마)에 소개된 법칙이 두 그룹 중 어디에 가까운지 제안하고 그 이유를 설명하시오.

4. 제시문 (바)에 소개된 법칙이 두 그룹 중 어디에 가까운지 제안하고 그 이유를 설명하시오.

_2021학년도 고려대학교 학생부종합전형(일반전형) 면접구술고사 문항

제시문 기반 면접을 실시하는 위 2개 대학의 2021학년도 면접 문항만 보더라도 각 대학의 특이점을 확인할 수 있다. 예를 들어 연세대 면접 문항의 경우 교과 개념 지식을 직접 묻기보다는 사회현상과 관련된 제시문과 그래프를 분석하고 이에 대한 자신의 견해를 얼마나 논리적으로 밝히는가에 초점을 두고 있다. 연세대는 「학생부종합전형 안내서」를 통해 '주어진 제시문은 지원자의 정확한 분석력과 논리적 사고력을 확인하기 위해 출제된 문제이므로, 제시문에 숨어 있는 논리를 찾아 답변의 근거로 활용하라'고 가이드를 주고 있다. 고려대의 경우 고등학교 교육과정 내 교과 지식이 반영된 제시문이 출제되었다는 특징이 있다. 위 제시문과 문항만 보더라도 물리, 화학, 지구과학, 생명과학, 사회, 수학 교과에서 다룬 개념적 지식을 잘 알고 있어야 구술이 가능하다.

그렇다면 제시문 기반 면접은 어떻게 준비하는 것이 좋을까? 우선 지원하고자 하는 대학의 선행학습영향평가 자료를 통해 출제된 면접 문제 유형을 살펴보자. 그리고 출제의 바탕이 되는 교과목의 종류와 범위를 확인하여 관련된 내용을 여러 번 읽어 두자. 위에서도 살펴봤듯이 제시문과 문항은 고등학교 정규교육과정 범위 내에서 출제되기 때문에 지원계열이나 전공과 관련된 교과서의 주요 개념을 확인하고, 학습 활동 문항을 활용하여 제시문의 논지를 파악해 해당 내용에 대한 자신의 견해를 1~2분 동안 시간을 정해 두고 답변하는 연습을 하는 것이 좋다.

대한민국의 인구는 꾸준하게 증가해 왔으며 2050년을 정점으로 감소하게 될 것으로 전망되고 있다. 아래 그래프들은 지역별 출산율 및 맞벌이 부부의 소득별 출산 계획에 대한 설문조사 결과를 나타내고 있다.

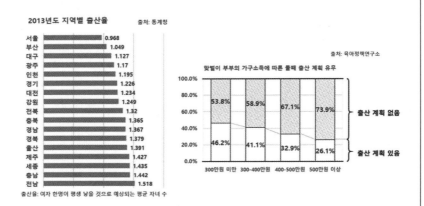

[문제 1] 낮은 출산율에도 불구하고 2050년까지 인구가 증가하는 원인은 무엇이라고 생각하십니까?

[문제 2] 출산율의 지역별 차이와 맞벌이 부부의 둘째 출산 계획의 소득별 차이가 발생되는 원인을 각각 제시하고, 이러한 현상을 개선할 수 있는 방법에 대해서 설명하시오.

_2018학년도 연세대학교 학생부종합전형(면접형) 면접구술고사 문항

제시문 기반 면접은 위 문항처럼 사회문제에 대한 현상 및 원인을 분석하고 해결 방안을 묻는 경우가 많다. 예를 들어 위의 1번 문항은 출산율 감소에도 불구하고 인구는 꾸준히 증가하는 이유가 무엇인가를 물어보고 있다.

제시문 기반 면접 문항 답변 (예시)

[A 학생] "2050년까지 인구가 증가하는 원인은 기술의 발달로 인간의 평균수명이 증가하기 때문입니다."

[B 학생] "저출산 현상에도 불구하고 2050년까지 인구가 지속적으로 증가하는 현상이 발생하는 원인은 의료기술의 발전과 의료혜택의 확대 등으로 인한 노인 인구의 증가와 사망률 감소로 볼 수 있다고 생각합니다. 인구의 자연적 증감은 출생인구에서 사망인구를 뺀 값인데, 인구 고령화로 인한 사망률 감소로 일정 기간 인구 증가 효과를 낳게 됩니다. 다만 2050년을 정점으로 고령자의 사망률이 출산율을 넘어서면서 총인구는 감소 추세를 보일 것으로 예상됩니다."

A 학생은 원인을 단편적으로 생각하고 요구한 내용만 답했으나, B 학생은 인구가 꾸준히 증가하는 이유를 구체적인 예시를 통해 설명하고, 지리 시간에 배운 인구의 자연적 증감이라는 개념까지 동원해서 설득력을 높였다. 거기에 더해 2050년을 정점으로 인구가 감소하게 되는 이유까지 설명함으로써 제시문에 언급된 내용까지 활용해 답변 내용을 좀 더 구체화했다. 이렇듯 교과 지식을 기반으로 시사 상식에 대한 정보를 꾸준히 수집하고 해당 내용에 대한 자기 생각을 정리하는 연습을 반드시 해 두자. 이러한 연습을 꾸준히 해 온 학생과 그렇지 않은 학생의 답변 내용에는 차이가 있을 수밖에 없기 때문이다. 특히 2번 문항의 경우처럼 원인과 해결 방안을 동시에 요구하는 문항의 경우 이러한 준비가 더욱 필요할 것으로 보인다.

③ 상황 기반 면접(다중미니면접)

　상황 기반 면접, 즉 다중미니면접은 말 그대로 서류 기반, 제시문 기반, 상황 기반을 모두 보는 면접이라고 할 수 있다. 여러 개의 면접실을 두고, 각 면접실마다 2~3명의 면접관이 각각 다른 평가 항목을 가지고 질문하는 면접이다. 따라서 지원자는 정해진 시간 동안 여러 방을 돌며 면접을 치르게 되며, 지식에 관한 질문보다는 주로 도덕적 딜레마에 빠진 상황에서 판단과 문제 해결 방안을 묻는 질문이 주를 이룬다. 때문에 이를 상황 기반 면접이라고 지칭하기도 한다. 이와 같은 면접은 주로 의과대학 지원자들의 도덕성, 윤리의식, 팀워크, 책임감, 의사소통 역량을 복합적으로 평가하기 위해 개발된 형태로, 일반적인 면접과 비교하면 면접 방식이나 질문이 새롭고 다양한 편이다.

　다중미니면접을 실시하는 대학의 기출문제를 살펴보면 의사소통 문제, 과학기술과 윤리, 인간과 제도, 사회 정의와 갈등 등 다양한 주제가 복합적으로 출제되는 편이다. 제시문 자체는 어렵지 않으나 출제 의도를 고려하여 정해진 시간 내에 순발력 있게 답변하기가 쉽지 않기에 지원자에게는 상당한 부담이 따를 수밖에 없다. 또 돌발 질문을 받을 경우, 앞에서 언급한 답변과 일관성을 유지해야 하는 것도 중요하다. 따라서 제시문을 빠르게 이해하고 분석하는 능력, 의사소통 능력을 키우기 위한 대비가 필요하다.

다중미니면접 실시 대학 평가 방식

대학	모집 단위	평가 내용 및 방법	면접 시간
서울대	수의과 대학	· 수의학을 전공하는 데 필요한 자질과 적성, 인성 등 평가 · 다양한 상황 제시와 생명과학과 관련된 기본적 학업 소양 확인 · 면접실 당 10분씩 총 5개 면접실에서 진행함	50분 내외
	의과대학	· 의학을 전공하는 데 필요한 자질, 인성과 적성 평가 · 제시문에 영어가 활용될 수 있음 · 다양한 상황 제시(4개, 각 10분)와 제출 서류 내용 확인(1개, 20분) · 총 5개 면접실에서 진행함	60분 내외
	치과대학 치의학과	· 치의학을 전공하는 데 필요한 자질과 적성, 인성 등 평가 · 제시문에 영어 또는 한자가 활용될 수 있음 · 다양한 상황 제시와 제출 서류 내용 확인 · 면접실 당 10분씩 총 4개 면접실에서 진행함	40분 내외
인제대		· 6개의 방에서 모두 상황면접으로 진행 · 면접 시간은 상황당 10분씩 총 60분 · 면접실 밖에서 2분간 답변 준비 시간을 갖고, 면접실 안에서 8분 동안 답변 진행	60분 내외
한림대		· 서로 다른 역량을 측정하는 3개의 면접실(인성, 상황, 모의상황)을 순차적으로 돌면서 진행 · 지원자는 총 6명의 면접관을 만나게 됨	60분 내외
아주대		· 2개의 면접실에서 면접이 실시되며, 면접실 당 면접관은 2~3명 · 1개 면접실은 제출 서류 확인 면접(10~12분) · 1개 면접실은 상황제시형 인성 면접(20~25분) · 수시 모집만 MMI 면접 진행	60분 내외
부산대		· 3개 면접실에서 3개 체제(발전가능성, 전공적합성, 인성/사회성)로 진행 · 발전가능성 면접은 준비 10분에 면접 10분으로 총 20분간 진행 · 나머지 2개 면접은 준비 시간 없이 10분씩 진행되며 제출서류 기반 질문과 인성 관련 질문으로 진행	40분 내외

성균관대학교 학생부종합전형(글로벌인재전형) 의예과 면접시험 실제 사례

- 준희와 성민이는 초등학교 때부터 가장 친한 친구로 전교 1, 2등을 번갈아 가며 해 왔다.
- 준희가 가고 싶어 하는 대학교의 전형에서는 ○○ 경시대회 1등 수상 경력이 합격에 매우 중요하다.
- 반면 성민이가 가고 싶은 대학교의 전형은 ○○ 경시대회 수상 경력이 중요하지 않다.
- ○○ 경시대회 결과 성민이가 1등을 차지했다. 그 이후 준희는 성민이의 인사를 잘 받지 않고 연락도 하지 않는다.

[질문] 지원자가 성민이라면 어떻게 할 것인가?

- 철희는 지하철을 타고 집에 오던 중 옆에 앉은 한 외국인 남자와 대화를 하게 되었다.
- 이런저런 얘기 끝에 그 사람은 한국에 와서 일한 지 5년쯤 되었는데 그사이 임금을 여러 번 떼인 적이 있어 정말 화가 난다고 했다.
- 자기 나라 관습은 그렇게 잘못한 사람은 돌로 쳐서 죽이기도 하는데, 한국에서는 죄를 너무 관대하게 다스린다고 흥분하며 얘기했다.

[질문] 지원자가 철희라면 이 외국인에게 어떤 말을 해 주고 싶나요?

- 영화배우 안젤리나 졸리는 유전자 검사 결과 암 유전자 변이가 발견되어 예방적으로 난소와 가슴 절제술을 받았다.
- 최근 의과학 지식, 공학 기술과 일상 데이터를 통합한 인공지능을 이용하여 질병을 진단하고 치료하려는 시도가 있다.
- 인간의 기대수명이 100세를 넘어 점점 길어지고 있다.

[질문] 제시된 3가지 과학적 사건들을 조합하여 개연성 있게 설명해 보세요.

이렇듯 상황 기반 면접에서 주어지는 제시문과 문항은 도덕 및 윤리의식, 환자에 대한 공감과 의사소통 능력 등이 중심이 되기 때문에 이와 관련하여 평소 자신이 생각하는 이상적인 의사상을 정립해 두는 것이 중요하다. 또 의료 이슈나 생명윤리에 대한 생각을 미리 정리해 놓는 것도 필요하다. 제시문에 등장하는 상황이 주로 윤리적 딜레마를 다루기 때문에 이 상황에서 본인이라면 어떤 선택과 판단을 할지 생각해 보고 정리하는 연습을 해 두면 면접에 큰 도움이 될 것이다.

03
최종합격으로 향하는
단계별 면접 전략

STEP 1
서류 준비가 곧 면접 준비다

앞서도 언급했지만, 많은 수험생들은 면접 준비를 뒤로 미뤄 놓는 경우가 많다. 하지만 본격적인 면접 준비는 자소서를 작성할 때부터 이미 시작되어야 한다. 면접은 자신이 제출한 자소서를 바탕으로 질문이 만들어지는 경우가 많기 때문이다. 따라서 면접까지 염두에 두고 자소서를 전략적으로 작성해야 한다. 이를 위해서는 다음 세 가지를 꼭 기억해 두자.

첫째, 자소서의 소재에 진정성이 묻어나야 한다. 면접관은 면접을 통해 생기부와 자소서에 기재된 내용이 사실인지 진위 여부를 확인하고자 한다. 면접을 통해 자신을 '포장'할 수는 있지만, 소재 자체가 거짓일 경우는 면접 질문에 구체적인 답변을 마련하기 힘들고, 답변하더라도 횡설수설할 가능성이 높다. 면접관들은 그러한 점을 매의 눈으로 포착하기 때문에 반드시 본인이 실제 겪은 경험을 자소서에 녹여내야 한다.

둘째, 자소서를 생동감 있고 구체적으로 작성해 놓으면, 답변하기에 유리한 질문이 주어질 가능성이 높다. 지원자가 어떤 사람인지 궁금증을 유발하도록 자소서를 작성해 놓으면 면접 역시 지원자의 의도대로 진행될 가능성이 높다. 그렇다면 면접 준비가 훨씬 수월해진다. 면접 때 나의 역량을 보여 주기 위해 꼭 이야기하고 싶은 활동 내용이나 학업 주제가 있다면, 자소서를 통해 꼭 언급하길 권한다. 영화의 예고편에 따라 흥행성적이 좌우되는 경우가 많다. 자소서는 면접의 예고편이다.

셋째, 자소서 작성을 말로 풀면서 진행하는 것은 자소서의 체계를 잡는 것은 물론, 면접에도 큰 도움이 된다. 생기부의 내용을 꼼꼼히 살펴보며 자신이 했던 활동의 동기-과정-결과가 명확하게 드러나게 하는 것이 자소서의 핵심이다. 따라서 이러한 내용을 면접에서도 말로 충분히 풀어낼 수 있어야 한다. 자소서를 작성하면서 자신이 겪은 의미 있는 경험이나 활동에 대해 스스로에게 질문을 던져 보고, 이에 대해 1분에서 3분 정도 답하는 연습을 지속적으로 해 보자. 면접에서 가장 중요한 것은 제출한 서류에 대해 숙지하는 것이다. 말로 표현하는 과정을 통해 내용이 숙지되는 것은 물론, 말하기 자체도 훨씬 익숙하고 자연스러워질 것이다.

자소서와 면접은 별개가 아니다. 글쓰기와 말하기라는 방법만 다를 뿐 '나의 이야기'를 들려준다는 점에서 본질적으로 같다는 점을 기억해 두자.

면접을 위해 서류 준비 때부터 꼭 확인해야 할 내용

학업 역량	교과 성적, 학년별 성적 변화, 과목 간 편차, 학업 관련 탐구 활동 동아리 활동, 교과 관련 교내 수상 경력, 방과 후 학교 활동, 독서
전공 적합성	전공 관련 이수 과목과 성취 수준 지원 전공에 대한 관심과 흥미, 이해 수준 전공이나 진로를 위한 노력과 준비 과정
인성	학교생활의 충실도 학교생활을 통해 나눔 배려, 협력 실천 경험 교과 수업과 수행평가 준비 과정에서의 역할 교내외 봉사 활동 및 멘토링 등을 통해 나눔과 배려를 실천한 경험 리더십을 발휘한 경험 교내외 활동 중 문제 상황에서 협력, 소통, 문제 해결 과정 경험

STEP 2
면접관 입장이 되어 질문을 예상하라

　서류 준비가 어느 정도 마무리된 후, 이를 토대로 예상 질문을 만들어 면접을 준비해야 한다. 하지만 막상 자신이 제출한 서류에서 어떤 질문이 나올지 잘 모르겠다고 푸념하는 친구들이 의외로 많다. 반대로 예상 질문을 뽑아 보지도 않고 생기부나 자소서 내용은 다 알고 있기 때문에 웬만한 질문에는 전부 대답할 수 있을 것 같다고 자신하는 친구들도 있다. 이때 가장 중요한 것은 자신의 입장이 아닌 최대한 면접관의 관점에서 자신의 서류를 바라봐야 한다는 것이다. 그렇다면 제출 서류를 근거로 했을 때 면접 문항은 어떠한 방식으로 만들어질까?

	항목	내용
생기부 근거	행동 특성 및 종합의견	방과 후 학교 정치경제 토론반(24시간)을 수강함. 사회의 다양한 이슈(선행학습 금지법, 수능 한국사 필수, 오픈카지노 도입 등)에 대해 찬반 토론을 하며 관련 지식을 이해하고, 자신의 주장을 논리적으로 펼치는 기회를 가짐. 또한 모의 학생자치법정에 배심원으로 참가하여 검사나 변호인의 발언을 신중하게 듣고 사실에 근거하여 판단하는 모습을 보였으며 이를 통해 민주시민으로서의 법적 소양을 키움.
면접 문항		1. 방과 후 학교에서 정치경제 토론반을 선택한 특별한 이유가 있나요? 2. 토론 주제였던 선행학습 금지법과 오픈 카지노 도입에 대한 주된 논점은 무엇이며 지원자의 입장은 어떤 것이었나요? 3. 모의 학생자치법정 배심원 활동을 통해 배우고 느낀 점은 무엇인가요?

_김경범 외, 《생기부 기반 면접 및 구술고사 연구》 중

이처럼 면접은 서류에서 드러난 활동이나 과정을 확인하기 위한 개별적이고 심층적인 질문들로 구성된다. 더불어 지원자의 학업 수행 능력을 파악하기 위해 해당 내용에 대한 좀 더 자세한 설명을 요구하는 질문이 이루어질 수 있다.

자소서를 비롯하여 자신의 생기부에 기재된 다양한 활동 내용에 대해 검토한 후 면접관의 질문을 예상해야 한다. 특히 학생부종합전형에서의 면접은 제출 서류에 기재된 활동이 이루어지는 과정에 초점을 맞추어 지원자의 가치관, 인성, 관심도, 참여도, 지원 전공에 대한 열정을 확인하고자 한다. 따라서 이러한 면접관의 의도를 반영하여 예상 질문을 구체화하면서 '왜', '그래서', '어떻게' 등 추가 질문까지 생각해 질문을 만들어야 한다.

생기부를 통해 예상 질문을 만들 때는 특히 〈창의적 체험 활동〉과 〈세부 능력 및 특기사항〉 영역을 반복해서 살펴보는 것이 중요하다. 〈창의적 체험 활동〉에 기록된 내용을 통해 면접관들은 학생의 주요 관심사 및 진로, 교내 활동 참여도, 탐구 역량, 학업 의지, 인성, 자기주도적 학업 역량 등을 종합적으로 확인할 수 있기 때문이다. 서류 기반 면접의 기본은 기재 내용의 사실 확인에 중점을 두고 있기 때문에 여기에 기재된 각종 활동 등을 복기하면서 예상 질문을 찾아야 한다.

창의적 체험 활동 상황	
영역	특기사항
동아리 활동	(영자신문부) 동아리 회장으로 활동하면서 전체적인 신문 기획부터 디자인까지 영자신문 발행에 크게 기여함. 영자신문부 1, 2학년 부장을 역임하며 뛰어난 리더십으로 부원들 간의 역할 갈등을 해소하고 결과물을 만들어 냄. 이를 통해 리더의 모습에 대해 진지하게 고민하고 자신만의 리더십을 만들기 위해 노력하겠다고 다짐함.

위 내용을 보고 면접관은 무엇을 확인하고 싶어 할까? 사실 위의 예시는 활동 내용이 구체적으로 기록된 상황은 아니기 때문에 영자신문부 부장으로의 구체적인 활동 내용과 반복적으로 언급된 '리더', '리더십'에 대한 지원자의 견해를 확인하고 싶어 할 것이다. 전체적인 신문 기획부터 디자인까지 신문 발행에 크게 기여했다고 기재되어 있으나 그 과정과 사례를 구체적으로 설명하지 못한다면 기재된 내용이 신뢰가 가지 않을 것이다. 이를 고려하여 면접관의 입장에서 예상 질문을 만들어 보자.

면접 문항	1. 영자신문부 동아리 회장으로서 가장 기억에 남는 기사는 무엇이었나요? 2. 영자신문을 발행할 때 가장 중요하게 여긴 점은 무엇이었나요? 3. 본인이 생각하는 바람직한 리더의 모습은 구체적으로 어떤 모습인가요?

〈교과 세부 능력 및 특기사항〉의 경우 생기부에서 학업적 역량을 직접적으로 드러내는 부분이다. 따라서 생기부에 기재된 개념어와 전문 용어 등의 개념부터 정확히 이해해 두는 것이 필요하다. 또 이 내용

을 바탕으로 학생 스스로 심화 학습한 경험을 구체적으로 묻거나, 독서 활동에서 교과와 연계하여 심화된 교과 질문이 제시되는 경우도 있기 때문에 이와 관련된 사항들도 예상 질문 리스트에 반드시 포함시켜 두자.

교과 세부 능력 및 특기사항	
과목	**특기사항**
국어	윤동주의 전기문을 학습한 후 **윤동주 시집**을 찾아 읽고 그 삶에 감동하여 자작시를 발표함. 이를 통해 특히 **일제강점기 문학**에 관심을 갖고 스스로 찾아 공부하는 태도를 보임.
기하	**포물선, 타원, 쌍곡선의 정의**와 접선의 방정식을 이용하여 각 **이차곡선의 광학적 성질**을 비롯해 여러 기하학적 성질들을 증명해 보고 그러한 성질들이 건축물 등 **실생활에 직접 사용되는 사례**를 탐구하여 보고서를 작성함.
사회	지구촌 문제에 관심이 많아 **교토의정서**에 대해 조사하는 과정에서 **개발도상국이 탄소 감축에 참여할 수 있는 방향**을 고민하는 등 세계 시민으로서 지구촌 문제 해결에 참여하려는 의지가 강함.
화학 I	**AI**를 주제로 **인공신경망의 정의**를 학생들이 쉽게 이해할 수 있도록 이미테이션 게임이란 영화를 활용하여 발표함. **인공지능이 생각할 수 있다고 판단하는 기준**은 어디까지인지에 대한 질문을 통해 미래과학기술의 방향에 대해 다시 생각해 보는 기회를 가짐.

교과 세부 능력 및 특기사항에 위와 같이 기재되어 있다면 밑줄 친 부분은 충분히 예상 질문 리스트에 포함될 내용이다. 예를 들어 윤동주 시집을 찾아 읽고 일제강점기 문학을 스스로 찾아 공부했을 정도라면 실제로 면접관은 해당 내용에 대한 지원자의 학업 역량과 열정을 확인해 보고 싶을 것이다. 따라서 '윤동주의 시 세계', '윤동주의 시 중 가장

인상 깊었던 작품과 그 이유', '일제강점기 문학의 특징'에 대해 질문할 수 있으므로 이에 대한 답변을 준비해 두는 것이 좋다. 각종 수학적 개념을 이용하여 기하학적 성질을 증명해 보고 실생활에 직접 사용되는 사례를 보고서로 작성해 제출했다면, 실제로 그 개념을 정확히 이해하고 있는지를 검증하는 질문이 던져질 가능성이 높다. 따라서 해당 내용에 대해 본인이 탐구한 바를 꼼꼼히 확인하고 교과 개념을 구술할 수 있도록 정리하는 것이 필요하다. 사회, 과학 교과의 경우는 기재된 내용과 관련된 사회 이슈에 대해 대비하는 것이 좋다.

생기부뿐만 아니라 본인이 작성한 자소서도 마찬가지다.

자소서 1번 문항-수학교육과 지원

수학 동아리 시간에 배웠던 개념을 이용하여 퀴즈 형태의 게임을 기획해 보기로 했습니다. 친구들이 좀 더 쉽게 수학에 접근하려면 실생활과 연관된 내용을 퀴즈에 접목시키는 것이 효과적일 것이라 생각했습니다. 이를 위해서는 더 다양하고 깊이 있는 수학 지식을 쌓는 것이 중요하다고 생각했기 때문에 수학을 실생활과 연계하여 다룬 책들을 집중적으로 찾아 읽으며 제가 알고 있던 개념과 연결해 보려고 노력했습니다. 그중 가장 흥미로웠던 것은 게임이론 중 하나인 '죄수의 딜레마'가 경우의 수의 개념을 통해 설명될 수 있다는 것이었습니다. 그래서 이를 활용해 '협력 게임'을 만들어 친구들과 함께 풀어 본 후 수업시간에 배운 확률 개념을 다시 확인하는 시간을 가졌습니다. (이하 생략)

자소서 작성 분량이 한정되어 있기 때문에 활동에 대한 내용을 다 담기 어려운 경우가 많다. 따라서 면접관은 질문을 통해 활동에 대한 진위 여부와 구체적인 과정을 확인하고자 할 것이다. 실제로 위 자소서를 작성한 학생이 면접에서 받은 질문은 아래와 같다.

자소서의 내용을 확인하는 차원에서 그치지 않고, 실제로 해당 활동과 관련된 지원자의 생각의 깊이를 물어보는 질문이 등장하는 경우도 많다. 특히 지원학과나 계열과 관련된 내용을 꼼꼼히 짚어 가며 예상 질문을 선정해 보도록 하자.

자소서 1번 문항-정보통신학과 지원

과학 독서 프로그램에 참여하여 매월 《과학 동아》와 《뉴턴》지를 찾아 읽으며, 최근 과학계 연구 동향과 이슈를 접할 수 있었습니다. 특히 우리나라를 충격에 휩싸이게 한 악성코드에 의한 랜섬웨어, 비트코인과 같은 가상 화폐, 블록체인과 같이 보안 관련 관심 기사는 별도로 스크랩하여 자료화하고자 노력했습니다. (이하 생략)

예상 질문 만들기

1. 최근 과학계의 가장 큰 이슈는 무엇이라고 생각하나요?
2. 블록체인의 원리를 설명할 수 있나요?
3. 가상화폐의 전망에 대해 어떻게 생각하나요?
4. 랜섬웨어에 대해 설명하고, 이를 예방할 수 있는 방법에 대해 알고 있다면 설명해 보세요.

예상 질문을 만들었다면 자신만의 답변을 만들어야 한다. 답변을 구성할 때도 면접관의 입장에서 생각해야 한다. 즉, 자신이 말하고 싶은 내용이 아니라 면접관이 궁금해할 내용을 정리해서 말해야 한다.

말하기에 어느 정도 자신이 있는 학생이라면 답변을 만들 때 문장이 아닌 키워드로 준비해 볼 것을 권한다. 예상 질문에 대비해서 사례나 스토리를 바탕으로 한 키워드나 핵심어구로 답변을 적어 놓고, 여기에 점점 살을 더해 가는 방식으로 말하는 연습을 하는 것이 효율적이다.

반면에 말하기 경험이 부족하거나 서류 준비 과정에서 면접을 염두에 두지 못하고 뒤늦게 준비한 학생이라면 예상 질문마다 답변을 글로 적어 보는 것이 좋다. 답변을 글로 적다 보면 명확하지 않았던 생각과 비논리적인 내용을 쉽게 확인할 수 있기 때문이다.

답변 시간을 고려하여 질문당 1분 내외로 답변할 수 있도록 짧은 글로 정리한 후 이를 여러 번 읽으면서 내용을 제대로 이해했는지 확인하는 것 또한 필요하다. 그 이후 핵심 키워드를 뽑아 순서대로 기억하면서 말하는 연습을 한다면 일목요연하게 답변할 수 있을 것이다.

STEP 3
나만의 말하기 원칙을 정하자

면접을 치른 수험생들의 후일담을 들어보면, 충분히 연습했다고 생각했음에도 불구하고 예상하지 못한 질문이 나와 당황하는 경우가 생각보다 많다. 모든 질문을 다 예상하고 미리 답변을 준비할 수 없는 법, 돌발상황에서도 주어진 질문에 대한 답변을 이어 나갈 수 있으려면 면접에서의 말하기 기본 원칙을 제대로 숙지하고, 자신만의 내용 전개 방법을 미리 정해 둘 필요가 있다.

첫째, 면접에서의 말하기 기본 원칙 중 가장 중요한 점은 우선 '잘 듣는 것'이다. 면접은 면접관이 묻는 말에 '해당하는 내용'을 정확하고 간결하게 대답하는 것이 무엇보다 중요하다. 제시문이 미리 주어지는 경우도 마찬가지다. '문항에서 요구하는 것'이 곧 면접관이 듣고 싶은 내용이다. 질문을 제대로 파악하지 못하고 요지에서 벗어나는 엉뚱한 답변을 하면 면접관 입장에서는 지원자의 이해력과 사고력이 다소 부족한 것이 아닌가 판단할 수밖에 없다. 물론 너무 긴장한 나머지 질문을 잘 못 들었을 가능성도 있다. 이럴 경우 "죄송하지만 다시 한번 말씀해 주시겠습니까?"라고 면접관에게 정중하게 다시 질문을 요청한 후 답변을 이어 나가는 것이 바람직하다.

둘째, 다양한 유형의 질문에 침착하게 답변하기 위해서는 '논리적으로 말하기 위한 순서'를 정하는 것이 좋다. 면접 때는 주어진 시간 내에 간결하면서도 임팩트 있게 답변해야 하는데, 막상 답변하려고 하면 어떻게 시작해야 할지 난감한 경우가 많다. 이를 위해 말하기의 순서, 즉 답변의 틀을 미리 정해 둔 후, 이에 맞춰 답변 내용을 생성하면 좀 더 수월하게 면접을 치를 수 있다.

셋째, 제일 간단한 방법은 어떠한 질문이든 결론부터 말함으로써 면접관의 집중을 유도하는 것이다. 이를 '두괄식 전개'라고 한다. 결론을 마지막에 두고 답변을 전개한다면 답변 중 근거가 주장과 맞지 않아 설득력을 잃거나 답변 방향이 엉뚱한 곳으로 흘러갈 가능성이 높다. 따라서 면접관의 질문 의도를 정확하게 파악하여 이에 대한 자신의 주장 혹은 결론을 먼저 말하고, 이를 뒷받침할 수 있는 근거를 들거나 부연 설명하는 것이 좋다. 면접에서 이를 조금 더 구체적으로 적용한 스피치 방법 중 하나가 'PREP' 기법으로, 결론(Point)-이유(Reason)-예시(Example)-강조와 포부(Point) 순으로 답변 내용을 전개하는 것이다.

[질문] 조경학과에 지원하게 된 동기는 무엇인가요?

[결론(P)] 저는 조경설계사가 되는 것이 꿈입니다.

[이유(R)] 어렸을 때부터 저는 인간의 삶을 담아 내는 공간에 관심이 많았습니다. 정서적으로 자유롭고 안락함을 주는 공간을 만들어 지친 현대인들에게 휴식처를 선물하고 싶었습니다.

[예시(E)] 3년간의 건축동아리 활동과 청라프로젝트 탐구 활동을 통해 조경 환경이 도시의 이미지와 지역민들의 삶의 만족도에 큰 영향을 미친다는 것을 알게 되면서 조경 분야에 깊은 관심을 갖게 되었습니다.

[강조(P)] 조경학과에 입학하여 인간의 삶의 질을 높이고 인간과 생태가 건강한 방식으로 조화를 이룰 수 있게 하는 조경설계사의 꿈을 키우고자 합니다.

비슷한 방식으로 이른바 'STAR' 기법 또한 면접 때 활용해 볼 만한 말하기 방식이다. 서류에 기재되어 있는 내용을 기반으로 면접관은 고교 생활 중 해당 활동들이 '어떠한 상황'에서, '어떤 역할과 행동'을 통해, '어떤 결과'를 얻었는가를 확인함으로써 지원자가 가진 역량을 평가하게 된다.

고등학교 3년간 의학동아리 활동을 했는데
- 동아리의 성격과 활동에 대해 구체적으로 이야기하고, 본인은 어떤 역할을 맡았는지 이야기해 보세요.

장래희망이 통역사라고 했는데
- 통역사에게 가장 필요한 자질은 무엇이라고 생각하는지 이야기하고, 대학생이 되면 그런 자질을 갖추기 위해 어떤 노력을 할 계획인가요?

미래 교실에 대해 설문 조사를 진행했다고 했는데
- 본인이 맡은 역할은 무엇이었나요?
- 설문지 구성은 어떻게 했나요?
- 설문 결과를 토대로 홍보지를 만들었는데 친구들의 반응은 어땠나요?

이처럼 한 번에 묻는 경우도 있지만, 꼬리에 꼬리를 물고 질문의 깊이를 더해 가는 방식으로 진행되는 경우도 많다. 따라서 지원자 역시 이에 대비해 상황(Situation)-임무(Task)-행동(Action)-결과(Result) 순으로 답변 내용을 정리하는 것이 바람직하다. 예상 질문별로 이와 같은 답변 틀에 맞춰 내용을 미리 정리해 두면 면접 준비도 한결 수월해질 것이고, 실제 면접 현장에서 변형된 질문에 당황하지 않고 만들어 놓은 답변을 적절하게 응용해서 대답할 수 있을 것이다.

**[질문] 참여한 봉사 활동 중 가장 기억에 남는 활동과
그 활동을 통해 무엇을 배웠는지 말해 보세요.**

[상황(S)] 한 복지시설에서 루게릭병을 앓고 있는 중학생 친구를 돕는 봉사 활동을 하게 되었습니다.

[임무(T)] 처음에는 친구의 보행을 돕고 식사를 챙겨 주는 단순한 봉사 활동이라고 생각했으나 점차 친구와 적극적으로 의사소통하면서 공부를 하고 싶어 한다는 것을 알게 되었습니다. 그래서 제가 가장 자신 있어 하는 과목인 수학을 가르쳐 주기로 했습니다.

[행동(A)] 손으로 계산식을 쓰는 것을 힘들어하면서도 공부하고자 하는 친구의 열정에 감동해서 다양한 지도 방법을 고민했습니다. 읽고 쓰는 것을 불편해하는 친구를 위해서 그림을 그려가며 수식을 설명했고, 수학 교구와 영상을 구해 수학에 좀 더 쉽게 다가갈 수 있게 도와주었습니다.

[결과(R)] 몸이 불편함에도 불구하고 최선을 다해 배우려는 친구를 보며, 의지만 있다면 주어진 환경은 얼마든지 극복할 수 있다는 것을 깨달았습니다. 배움의 과정에는 많은 노력과 인내가 필요하다는 것을 잘 알고 있기 때문에, 대학 진학 후 이 경험을 토대로 힘든 순간에도 포기하지 않는 마음으로 학업에 최선을 다하고자 합니다.

넷째, 평소에 정확하고 바른 언어 습관을 가져야 한다. 면접에서는 의사 표현을 할 때 끝맺음이 불명확한 지원자보다 마지막 서술어까지 명확하게 발음하여 자기 의사를 표현하는 지원자에게 더 좋은 평가를 내릴 수밖에 없다. 예를 들어 지원 동기나 전공 선택과 관련된 질문을 받았을 때 이에 대해 확고한 신념을 가졌는가를 확인하는 데 있어서 논리적인 답변만큼이나 중요한 것은 분명한 태도로 본인의 생각을 밝히는 것이다. 또 답변을 할 때는 정확하고 바른 어법을 사용해야 한다. 부적절한 어휘 사용이나, 비문법적인 문장으로 답변을 하면 면접관들에게 좋은 인상을 주기가 어렵다. 따라서 적절한 어휘와 문장으로 구성해서 말하는 연습을 일상생활에서부터 습관화해야 한다.

STEP 4
차별화된 답변을 만들기 위해 전략을 세워라

학생부종합전형에서의 면접 문항은 주로 제출 서류를 바탕으로 출제되기 때문에 비교적 개별화된 면접으로 진행된다. 하지만 대학별로 평가 기준에 맞춰 확인하고자 하는 사항은 거의 동일하기 때문에 사실 면접관들은 하루 종일 비슷한 질문에 대한 답을 듣고 있을 수밖에 없다. 따라서 너무 평범하거나 식상하면 깊은 인상을 남기기 어렵다. 그렇다면 차별화된 답변 내용을 생성하기 위해 고려해야 할 점은 무엇일까? 면접에서 자주 등장하는 주요 질문들을 토대로 알아보자.

▶ 자기소개 및 장단점

대입 면접에서 우선 염두에 두어야 할 질문으로는 '자기소개'가 있다. 자기소개는 면접관의 관심을 이끌어 내면서 자신을 돋보이게 하도록 구성하는 것이 좋다. 짧은 시간 내에 자기 자신을 인상적으로 소개하기 위해서는 문장을 줄줄 읊기보다는 자신을 함축해서 드러낼 수 있는 키워드에 빗대어 표현하는 것이 좋다. 또 다른 방법은 자신의 삶이나 가치관에 중요하게 영향을 미친 활동을 근거로 삼아 전공에 대한 열정이나 입학에 대한 의지를 보여 주는 것이다. 직접 경험한 활동을 토대로 자신이 지닌 긍정적인 측면을 부각하는 것이 면접관 입장에서는 좀 더 설득력 있게 느껴질 테니까 말이다.

간혹 자기소개 대신 장단점이나 면접이 끝나갈 무렵 '하고 싶은 이야기' 형태로 변형시켜 묻는 경우도 있다. 특히 지원자의 단점 혹은 약점을 파고드는 질문은 미리 준비하지 않으면 당황할 가능성이 높다. 성격적인 단점은 솔직하게 답변하되 그러한 단점을 극복하기 위해 어떤 노력을 기울였는가를 중점으로 답변하는 것이 좋다. 생기부나 자소서에서 발견될 수 있는 약점의 경우 꼼꼼하게 질문리스트를 만들어 답변 연습을 하는 것도 좋은 방법이다. 예를 들어 성적이 하락한 경우 자신의 상황에 대해 솔직히 인정하되, 자신이 성실하게 학교생활과 학습 태도를 유지했음을 내신이 아닌 다른 스펙을 토대로 설명해야 한다. 진로가 바뀌게 된 이유를 물어볼 경우에는 진로를 변경하게 된 결정적 동기가 무엇이고, 현재 선택한 학과가 자신에게 어떤 도움이 될지를 정리해 답변해야 한다.

'하고 싶은 이야기'의 형태로 묻는 경우 면접을 마무리하는 차원에서 묻는 형식적인 질문인 경우가 많아 이 답변으로 합격 여부가 결정되지는 않지만, 끝까지 긴장을 놓지 않고 최대한 자기 자신을 어필하는 것이 좋다. 앞서 자신의 답변에 실수가 있었거나 만족스럽지 않았다고 느꼈다 하더라도 면접장을 나서기 전 마지막으로 자신을 드러낼 수 있는 기회라고 생각하고 자신 있게 답변을 마무리하도록 하자.

[질문] 1분 정도 자기소개를 해 보세요.

[답변] '우공이산'. 저는 저 자신을 이 사자성어로 표현하고 싶습니다. '우공이산'은 시간이 오래 걸리더라도 우직하게 노력해 나간다면 결국 원하는 바를 이룰 수 있다는 의미입니다. 선행학습이 부족해서 입학 초기만 하더라도 수학 공부에 상당한 어려움을 겪었지만, 포기하지 않고 하루도 거르지 않으며 매일 2시간씩 수학 공부를 한 덕분에 원하는 성적을 얻을 수 있었습니다. 《인간 생명의 시작은 어디인가》라는 책을 읽고 줄기세포에 대해 호기심이 생긴 이후, 1학년 때는 관련 논문만 20편을 정독하고, 2학년 때는 6개월간 주말 시간의 80%를 투자하면서 줄기세포의 분리 및 배양을 주제로 한 탐구보고서를 완성해 낸 경험도 있습니다. 모두 처음에는 쉽지 않았지만 포기하지 않고 꾸준히 노력한 끝에 얻은 결과입니다. 저는 환자들에게 희망을 주는 줄기세포 분야의 연구원을 꿈꾸고 있습니다. 연구자에게 있어 끈기와 노력은 가장 기본적인 자질이라고 생각합니다. 고등학교 때부터 포기하지 않고 우직하게 지식을 쌓고자 노력한 것처럼, 앞으로도 우공이산의 정신으로 줄기세포 분야의 독창적인 연구를 펼쳐 나가고 싶습니다.

[평가] 지원자가 가진 '성실한', '열정적인'. '끈기 있는' 등의 성격적 특성을 단순히 나열하며 답변했다면 추상적이고 식상하게 느껴질 수 있었을 것이다. '우공이산'이라는 사자성어를 인용해 끈기 있고 성실하게 주어진 역할을 수행하는 자신의 강점을 효과적으로 전달한 후, 이와 관련한 구체적인 활동 사례 두 가지를 연결하여 뒷받침하였다. 또 자신의 강점을 진로와 자연스럽게 연결하여 전공에 대한 열정과 앞으로의 포부까지 효과적으로 드러내었다.

'자기소개 및 장단점'과 관련된 질문 사례

- 자기소개를 1분 동안 해 보세요.
- 자신의 장단점에 대해 설명해 보세요.
- 자신의 성장 과정에 대해 말해 보세요.
- 자신을 사물로 표현한다면 무엇에 비유하고 싶나요?
- 다른 지원자와 차별화할 수 있는 본인만의 강점이 있나요?
- 본인을 한마디로 표현한다면 어떤 사람인가요?
- 수학 성적이 갑자기 하락했는데 특별한 이유라도 있나요?

▶ 지원 동기

　지원 동기에 대한 내용을 구성하기 위해서는 우선 지원할 대학과 학과에 대한 자료를 충분히 확인하는 것이 필요하다. 면접관 입장에서는 우리 대학과 학과에 대한 충분한 이해를 바탕으로 전공에 대한 열정을 보이는 지원자를 선발하고 싶을 것이다. 따라서 지원 대학의 인재상, 학과의 특성, 교과 과정, 진로 현황 등의 정보를 꼼꼼히 수집한 후, 이를 자신의 진로 혹은 학업 계획과 연결시키는 것이 바람직하다. 삼위일체, 즉 대학과 학과와 지원자가 가고자 하는 방향이 일치한다면 좋은 평가를 받을 수 있을 것이다.

[질문] 우리 대학(학과)에 지원하게 된 동기가 무엇인가요?

[답변] 저는 케이팝을 세계에 알리는 문화 마케터가 꿈입니다. 어렸을 때부터 음악에 관심이 많았고 음악을 직접 전공할까 생각해 보기도 했지만, 재능 있는 아티스트와 그들의 음악을 많은 사람들에게 알리는 역할이 저와 더 잘 맞는다는 생각을 하게 되었습니다. 그러던 중 경제경영동아리를 통해 BTS의 성공 사례를 분석하는 탐구보고서를 작성하는 과정에서 시장에서 요구하는 상품과 서비스를 정확하게 파악하는 최적화 마케팅이 무엇보다 중요하다

는 것을 깨닫게 되었습니다. 또 스타가 사회에 미치는 영향력이 크다는 점을 몸소 체감하면서 CSR에도 자연스럽게 관심을 갖게 되었습니다. 때문에 마케팅은 물론 경영 전반에 걸쳐 전문적인 지식을 배우고, 학부 때부터 실무 경험을 쌓을 수 있는 기회가 제공되고, 전공 간 융합 트랙인 CSR을 운영하고 있어 관심 있는 분야에 대해 집중적으로 배울 수 있는 기회가 제공되는 ○○대 경영학과에 지원하게 되었습니다. 기회를 주신다면 꼭 입학하여 '글로벌 마인드'와 '윤리적 비전'을 겸비한 문화 마케터로 성장하고 싶습니다.

[평가] 경영학과에 지원해야 하는 동기를 자신의 꿈인 '문화 마케터'와 자연스럽게 연결시킴은 물론, 지원학과의 커리큘럼이 가진 특색(융합 트랙 CSR)이 지원자의 전공에 대한 관심사와 부합한다는 것을 잘 드러냈다. 인재상을 언급하며 마무리를 지음으로써 해당 대학(학과) 진학에 대한 강한 의지 또한 보여 주었다.

지원 동기와 관련된 질문 사례

- 왜 이 전공을 선택했나요?
- 이 전공에 관심을 갖게 된 계기가 무엇인가요?
- 어떤 이유로 이 학과가 본인에게 적합하다고 생각하나요?
- ○○이 되고 싶은데 왜 ○○ 학과를 가지 않고 우리 학과에 지원했나요?
- 본인의 꿈을 ○○ 학과와 연결 지어 설명해 주세요.
- 우리 학과에 진학하기 위해 특별히 노력한 점이 있나요?
- 우리 과와 관련해서 고교 재학 중 따로 공부한 내용이 있나요?
- 우리 학과에 대해 얼마나 알고 있나요?
- 우리 학과에 대한 정보는 주로 어디서 얻었나요?
- 타 대학이 아닌 우리 학교에서 공부하고 싶은 이유는 무엇인가요?
- 다른 학교 ○○ 학과와 우리 학과의 차이점은 무엇이라고 생각하나요?

▶ 학업 계획

지원 동기와 연결하여 학업 계획 등을 묻는 경우도 많다. 이와 같은 내용은 대체로 자소서에 반영되어 있기 때문에 이를 기반으로 답변을 마련하되 추가할 내용이 있다면 덧붙여도 좋다. 다만 자소서의 내용에 반하는 내용이라면 서류에 대한 신뢰성이 떨어질 수 있으니 유의해야 한다.

학업 계획의 경우 '전공 공부를 열심히 할 것이다', '동아리 활동을 열심히 하겠다' 식의 추상적인 답변은 인상적이지 못하니, 자신의 꿈을 이루기 위해 해당 대학과 학과를 통해 준비할 요소를 고민한 후 이를 구체적인 행동 목표로 마련하는 것이 바람직하다.

학업 계획이 아닌 진로 계획을 묻는 경우도 마찬가지다. 단순히 직업을 갖는 것을 목표로 삼는 것이 아니라, 대학에서 전공 공부를 한 후 사회에 나가 어떤 일을 할 것이고, 이 일을 통해 궁극적으로 무엇을 이루고자 하는지, 그리고 이러한 목표를 이루기 위해 어떤 노력을 할 것인지에 대해 일목요연하게 준비하는 것이 중요하다.

[질문] 입학 후 학업 계획에 대해 간단하게 설명해 보세요.

[답변] 저는 전통 조경을 현대적으로 재해석하여 공간을 만들어 내는 조경설계자가 꿈입니다. (중략) 디지털 가든 설계 수업을 배움과 동시에 CAD 등 기본 자격증을 취득하여 조경 설계에 필요한 기술과 자격을 소지할 수 있도록 할 것입니다. 또 학부에서 배운 이론을 바

탕으로 작품을 기획, 설계, 제작하는 전 과정을 최대한 많이 경험하고자 합니다. 특히 전공과
목 중 '전통 정원 설계', '현대 조경 설계'를 통해 전통과 현대의 다른 관점을 어떻게 의미 있
게 통합할 수 있을까를 고민하여 이를 주제로 다양한 공모전에 도전할 계획입니다. 그리고
해외조경연구회 활동에 적극적으로 참여할 것입니다. 해외 조경 유적과 선진 조경 문물 등
을 탐방하여 전통과 현대 조경의 융합에 대한 인사이트를 얻어 미래 조경 산업에 대한 안목
을 가진 내실 있는 인재로 성장하고 싶습니다. (이하 생략)

[평가] 아무 준비 없이 학업 계획에 대한 질문에 답변한다면 '모든 것을 열심히 하겠다'라는
식의 답변으로 흐르기 일쑤다. 이를 방지하기 위해서 '전통과 현대를 재해석'하는 조경설계
사라는 진로 목표와 연관된 내용 위주로 답변하였다. 학업 계획이 구체적이라는 느낌을 전
달하기 위해 지원학과에 대한 커리큘럼과 학회를 연결시켜 답변 내용을 마련했다.

학업 계획과 관련된 질문 사례

- 입학 후 학업 계획과 졸업 후 진로 계획에 대해 간단하게 설명해 보세요.
- 우리 학과가 정확히 무엇을 배우는 곳인지 알고 있나요?
- 입학 후 우리 과에서 배우는 내용이 자신과 맞지 않다는 생각이 들면 어떻게 할 건가요?
- 10년 후 자신의 모습과 그것을 이루기 위해 어떤 노력이 필요한지 설명해 보세요.
- 대학 생활을 통해 이루고 싶은 목표는 무엇인가요?
- 대학에 들어와서 공부 외에 꼭 하고 싶은 것이 있다면 얘기해 보세요.
- 우리 학과에 진학한다면 구체적으로 어떤 분야를 집중적으로 공부해 보고 싶나요?
- 입학 후 전공 공부가 어렵다면 어떻게 할 건가요?
- 입학해서 학업을 마친 후 졸업할 때 지금과 어떻게 달라져 있을 것 같나요?
- 전공과 관련해서 선택하고 싶은 직장과 원하는 조건은 무엇인가요?

▶ 인성 및 가치관

지원자의 가치관과 인성을 확인하기 위한 질문 또한 단골 질문 중 하나다. 자소서 2번 항목을 통해 드러낼 수는 있으나 이것만으로는 지원자가 가진 도덕성이나 사회성, 공동체의식을 충분히 확인하기는 어렵기 때문이다.

면접관은 지원자가 우리 사회의 통념에 비추어 긍정적으로 수용될 수 있는 인성을 갖추고 있는지를 확인하고 싶어 한다. 공동체 구성원들과 원만한 관계를 유지하는 데 지장이 있는 성품이라면 당연히 선발을 주저할 수밖에 없다. 때문에 2번 항목에 기재된 활동 경험에 대해 좀 더 구체적으로 묻거나, '협력', '나눔', '리더십' 등에 대한 지원자의 평소 가치관과 삶의 태도에 대해 물을 것이다.

인성과 관련한 활동에 대해 구체적으로 물을 경우, 그 활동을 통해 무엇을 느끼고 성장했는가를 중심으로 답변하는 것이 좋다. 배우고 느낀 점을 솔직히 말하되, 과정이 분명하게 드러날 수 있도록 미리 정리해 두는 것이 필요하다.

지원자의 가치관, 인생관에 대해 직접적으로 묻는 경우는 답변하기가 쉬운 듯하지만 어렵다. 다만 자신의 진로 목표와 연결 지어 긍정적인 삶의 태도를 드러낸다면 좋은 평가를 얻을 수 있을 것이다. 유의해야 할 점은 서류에 드러난 지원자의 가치관과 면접 답변 내용이 일관적이어야 한다는 것이다.

[질문] 학생회장을 한 경험이 있는데,
그렇다면 리더에게 있어서 가장 중요한 것은 무엇이라고 생각하나요?

[답변] 리더에게는 여러 자질과 역량이 요구되겠지만 저는 '경청과 소통의 자세'가 가장 중요하다고 생각합니다. 학생회장에 당선되고 나서 저는 학생회가 주관하는 행사는 모두 제가 처음부터 끝까지 혼자 책임져야 한다고 생각했습니다. 행사를 혼자 기획하고 운영까지 책임지다 보니 힘에 부쳤고, 의도와 다르게 대의원회의에서는 '회장이 독단적이다'라는 소리까지 들려왔습니다. 학생회 임원들의 조언을 받아 고민 끝에 대의원회의를 그룹별 원탁 토의 형태로 바꾸어 아이디어 회의를 진행했더니 제가 혼자 고민했던 것보다 더 단순한 방법이면서도 발전된 대안들이 제시되었습니다. 이런 과정을 거쳐 진행된 5월 축제는 성황리에 마무리되었고, 축제 기간 중 운영한 벼룩시장을 통해 얻은 수익금으로 전교생 이름으로 기부할 수 있게 되었습니다. 이를 통해 리더 개인의 명민함도 중요하지만, 혼자 책임지고 결정하려 하기보다 자신의 부족한 부분을 인정하고 주변의 현명한 참모들과 지속적으로 소통하는 자세를 통해 더 나은 대안을 찾아가려는 태도 또한 중요하다는 것을 알게 되었습니다.

[평가] 리더에게 있어 가장 중요한 점이 무엇인가에 대한 질문에 추상적으로 답변하기보다 본인이 직접 겪은 경험을 토대로 설득력 있게 답변하였다.

인성 및 가치관과 관련된 질문 사례

- 본인에게 봉사 활동이 갖는 의미는 무엇인가요?
- 봉사 활동 중 가장 기억에 남는 활동은 무엇이었나요?
- 공동체 활동에서 가장 중요하다고 생각하는 것과 그 이유에 대해 말해 보세요.
- 살면서 큰 깨달음을 얻었던 경험 혹은 새롭게 자아를 발견한 경험이 있다면 말해 보세요.
- 리더로서 경험했던 것 중 가장 힘들었던 경험과 이를 어떻게 극복했는지 말해 주세요.
- 지원자에게 있어 성공적인 삶이란 무엇인가요?
- ○○○라는 직업에 필요한 소양 또는 자질은 무엇이라고 생각하나요?
- 존경하는 인물이 있나요? 그 이유는 무엇인가요?
- 타인과의 원만한 인간관계를 위해 필요한 덕목은 무엇이라고 생각하나요?
- 과정과 결과 중 어느 것이 더 우선한다고 보나요?

▶ 시사 및 교양

간혹 면접관들은 제출 서류를 중심으로 학업 역량을 평가하면서 교과 내용 중 기본 개념과 이에 대한 자기 생각이나 견해에 대해 질문하여 논리 전개의 우수성을 판단하기도 한다. 이처럼 전공과 관련된 기초지식 등 학업 역량에 대한 질문에 대비하기 위해서는 우선 지원학과와 관련된 교과서를 꼼꼼히 살피는 등 학교에서 배운 내용을 적극 활용하는 것이 좋다.

면접을 위해 어려운 전공 서적을 구입해 끙끙댈 필요는 없다. 자신이 배운 교과 혹은 교양 지식을 적극 활용한다면 학업에 대한 준비도와 열정을 보여 줄 충분한 기회가 될 수 있을 것이다. 다만 자신이 알고 있는 내용을 마구잡이로 이야기하는 식의 답변은 지양해야 한다. 질문 의도와 연관성을 가지면서 핵심만 간결하게 답하는 것이 중요하다. 특히 생기부와 자소서에 언급되었거나 관련 있는 개념은 미리 확인하는 것이 필요하다.

전공과 관련된 사회적인 현안에 대한 지원자의 견해를 묻는 유형의 경우, 지원자의 가치관뿐만 아니라 전공에 대한 심층적인 이해 여부를 확인하고자 함이 크다. 따라서 자신이 지원하고자 하는 전공과 연관된 시사 이슈에 관심을 갖고, 쟁점은 무엇인지 미리 살펴보는 것이 필요하다. 특히 특정 쟁점에 대해 찬반 의견을 묻는 방식일 때 처음 답변과 마지막 답변이 일관되지 않는 경우가 종종 있는데 해당 쟁점에 대해 충분히 이해하지 못했거나, 답변의 근거가 빈약할 경우 발생하곤 한다. 이런 경우 논리적 일관성이 떨어져 좋은 평가를 받지 못하기 때문에 이슈에 대한 자신의 입장을 먼저 세운 후 논리의 약점을 보완하기 위해 반대 입장의 근거가 무엇인지까지 파악하는 연습도 필요하다.

[질문] 세특을 보니 게임이론에 대해 탐구했다고 하는데, 게임이론이 무엇인가요?

[답변] 게임이론은 우리가 살아가면서 겪는 각종 경쟁과 갈등 상황에서 사용할 수 있는 전략과 의사결정을 수학적으로 연구하는 분야입니다. 게임이론에서는 전략적 상황에서 한 개인이 결정하는 행동이 다른 개인의 결정에 영향을 받게 됩니다. 대표적인 게임이론으로는 죄수의 딜레마를 들 수 있습니다. 이때 딜레마란 혐의자의 선택이 아니라 최선 또는 균형에 대한 딜레마입니다. 각자의 이익을 추구하는 행동이 최선의 선택이라 생각하겠지만, 전체적 이익에 있어서는 손해가 나타나게 됩니다. 모두가 이기려고 해서 아무도 이기지 못하는 상황에 처하는 것입니다. 이외에도 서로 양보 없이 극단으로 치닫는 치킨게임, 한쪽이 이득을 보면 다른 한쪽은 반드시 손해를 보는 제로섬게임 등에 대해서도 시사적 상황과 연결 지어 탐구해 보았습니다.

[평가] 세부 능력 및 특기사항에 언급된 용어를 정확히 알고 있는지를 묻는 질문이다. 게임이론의 정의와 예를 들되, 내용을 일일이 나열하기보다 대표적인 예 한 가지를 집중적으로 소개하고 이 이론이 함의하는 바가 무엇인지 핵심적인 내용만 드러나게 잘 정리하여 답변하였다.

시사 및 교양과 관련된 질문 사례

[인문사회계열]
- 합성어와 파생어에 대해 구체적인 예시를 들어 설명해 보세요. (국어국문학과)
- 한일위안부합의 상황에 대해 어떻게 생각하나요? (사학과)

- 최근에 가장 관심 있게 본 중국 관련 뉴스는 무엇인가요? (중어중문학과)
- 님비현상에 대한 법적 규제가 어디까지 이루어져야 하는지 말해 보세요. (법학과)
- 심리학 용어를 아는 대로 설명해 보세요. (심리학과)
- 청년실업률이 높아지는 원인과 해결 방안에 대해 설명해 보세요. (경제통상학부)
- 환율 상승이 기업경영에 미치는 영향에 대해 구체적으로 말해 보세요. (경영학과)
- OECD 국가 중 우리나라 아동의 행복지수가 낮은 편인데 그 원인과 해결 방안은 무엇이 있을까요? (교육학과)
- 달러와 금값의 관계에 대해 구체적으로 설명해 보세요. (국제통상학과)
- 숙의민주주의에 대해 설명하고 원전가동정책에 대한 본인의 의견을 말해 보세요. (행정학과)

[자연공학계열]
- 랜섬웨어에 대해 어떻게 생각하나요? (컴퓨터공학과)
- 케플러 3법칙에 대해 설명해 주세요. (기계공학과)
- 건축학과 건축공학의 차이는 무엇이라고 생각하나요? (건축공학과)
- 엔트로피가 무엇인지 말하고 엔탈피와 엔트로피의 단위를 말해 보세요. (신소재공학과)
- 인공지능에 대해 관심이 많다고 했는데, 알파고의 원리는 무엇인가요? (전기전자공학과)
- 미세먼지 해결 방안을 개인적 측면과 국가적 측면에서 말해 보세요. (환경공학과)
- 단백질의 1, 2, 3, 4차 구조에 대해 설명하세요. (생명과학과)
- 오일러의 공식에 대해 아는 대로 답해 보세요. (수학과)
- 원소 분석 실험을 통해 실험식은 어떻게 구할 수 있을까요? (화학과)
- 증강현실과 가상현실을 구분해서 설명해 보세요. (물리학과)

STEP 5
실전에 대비하는 우리의 자세

　예상 문제에 대한 예상 답안을 정리했다면, 실전에 대비한 연습에 돌입해야 한다. 간혹 정리한 예상 답안을 암기하는 데만 급급한 학생들이 있다. 내용을 숙지하는 것도 중요하지만, 면접은 암기 테스트가 아니라는 점을 기억해야 한다. 완벽하게 외워서 답변하려고 하면 답변 태도가 부자연스러워지거나, 돌발질문에 대한 대응력이 떨어지게 된다. 면접에서 준비한 내용을 긴장하지 않고 최대한 실전에서 자신감 있게 보여 줄 수 있으려면 실제 면접과 같은 상황을 반복적으로 접해 보는 것이 좋다.

　특히 실전 연습에서 중요하게 생각해야 할 점은 자신의 약점을 구체화하고 방어 방법을 생각하는 것이다. 이를 위해 가장 좋은 방법은 가족이나 친구, 선생님 등을 면접관으로 설정하여 이들을 통해 질문을 받고 답변하는 모의면접을 반복적으로 진행하는 것이다. 또 자신의 약점을 눈으로 직접 확인해 보고 싶다면 동영상으로 녹화한 후에 함께 평가해 보는 방법도 있다. 이렇게 모의면접을 해 보고 피드백을 통해 자신의 장단점을 좀 더 객관적으로 파악함으로써 실전에 대응할 수 있는 역량을 키워야 한다. 모의면접을 통해 확인해야 할 사항은 크게 두 가지다.

　첫째, 면접 태도이다. 태도에 정답이 있다고 할 수는 없지만, 면접관에게 좋은 인상을 주기 위한 태도와 표정을 연습해 두는 것이 바람직하다. 가족, 친구, 선생님 등에게 도움을 요청하여 말할 때 고쳐야 할 버릇이나 태도를 객관적으로 확인하고 반복해서 교정하도록 한다. 단순히 눈에 보이는 태도가 아니라 질문에 경청하는 자세, 겸손하면서도 솔직한 태도로 말하는지에 대한 여부도 확인하고 보완해 나가는 것이 필요하다.

면접에 응하는 바른 자세

- 면접실에 들어갈 때 차분한 걸음으로 들어가서 간단하게 묵례한다.
- 면접관이 지시하는 자리에 바른 자세로 앉는다.
- 손은 무릎에 얹고 눈은 질문하는 면접관의 얼굴 부분을 부드럽게 쳐다본다.
- 질문을 받았을 때 약간의 여유를 가지고 침착한 자세로 평소처럼 답변한다.
- 만약 질문을 알아듣지 못하였을 경우 "죄송하지만 다시 한번 말씀해 주시면 감사하겠습니다"라고 정중히 부탁한다.
- 질문에 대하여 답을 할 수 없는 질문일 경우 다른 문제를 부여받을 수 있으면 다른 면접 문항을 요청한다. 이때도 정중하게 말하도록 한다. 다른 면접 문항을 부여받지 못한다면, 잠시 생각하고 정리한 후 최선을 다해 성의 있게 답변한다.
- 미리 준비한 내용을 암기하여 발표하는 형식으로 면접에 응하지 않도록 한다.
- 속어, 은어, 유행어를 사용하지 말고 표준어를 사용한다.
- 자신 있게 또박또박 대답하고 말끝을 흐리지 않으며 경어를 사용한다.
- 면접 도중 감정 변화는 자제한다. 예를 들어 예상했던 질문이나 불쾌한 질문을 받았다고 해서 얼굴에 반갑거나 기분 나쁜 표현을 짓는 것은 바람직하지 않다. 또 황당한 질문을 받더라도 당황해하지 말고 냉정하게 면접에 임하여야 한다.
- 면접 도중 면접위원이 추가로 알고 싶은 내용이 있어 갑자기 질문하였을 때, 당황하지 말고 순발력을 발휘하여 답변한다.
- 면접 도중 손을 비빈다든지, 다리를 떤다든지 등의 불필요한 행동은 삼간다.
- 집단면접의 경우 본인의 면접이 끝났다고 해이해지지 말고 다른 학생의 면접을 경청한다.
- 면접이 끝났다고 할 때 자리에서 일어나서 바른 자세로 나온다.

둘째, 예상치 못한 돌발상황에 대비하는 연습이다. 실전에서는 예상 질문이 아닌 미처 생각지 못한 질문이 나오거나 추가 질문에 당황하는 상황이 발생할 수 있다. 특히 압박 질문에 당황한 나머지 앞서 자신이 구술한 답변과 일관되지 않은 답변을 이어 나가게 되는 경우가 많다. 이와 같은 질문은 의사소통에서 얼마나 유연하게 대처하는지를 파악함과 동시에 지원자의 논리적 일관성을 평가하기 위함이다.

자신이 주장한 내용에 대한 근거가 탄탄하지 않으면 이러한 공격에 쉽게 무너지고 만다. 따라서 질문의 요지를 정확히 파악한 다음 자신이 앞서 말한 내용과 배치되는 내용이 아닌지 고민한 후 답변을 이어 나가는 것이 바람직하다. 혼자서는 이러한 돌발상황에 대비하기가 어려우니 준비 기간 내 모의면접을 통해 충분히 경험해 봄으로써 실전에서 당황하지 않도록 하는 것이 중요하다.

면접 시 돌발상황 대처법

① 모르는 내용을 질문받았을 때
'모르겠습니다'라고 솔직하게 대답한다. 면접관도 어차피 모른다는 것을 알게 될 것이다. '모르겠습니다. 앞으로 더 공부하겠습니다'라는 정직한 태도가 중요하다.

② 답변을 틀리게 했을 때
면접이 끝나기 전 이전 답변이 틀림없이 틀렸다는 확신이 들거나, 자신의 의사와 다른 말을 했을 때는 즉시 정정한다.

③ 난처한 질문을 받았을 때
냉정함을 잃지 말고 정신을 똑바로 가다듬는 것이 중요하다. 심술궂은 질문은 단순히 응시자를 난처하게 만들기 위해서 하는 것이 아니라 응시자의 유연한 대응력이나 태도를 관

찰하기 위한 것이기 때문이다.

④ 질문의 핵심을 파악할 수 없을 때
"죄송하지만 다시 한번 말씀해 주십시오" 또는 "……라는 것입니까"라고 되물어 정확하게
내용을 이해하고 나서 그에 맞는 답변을 하도록 한다.

⑤ 너무 긴장해서 아무 생각이 나지 않을 때
너무 긴장해서 생각을 정리할 수 없다고 정직하게 말하는 것이 좋다. "잠깐 시간을 주십시
오"라고 부탁한 다음 심호흡을 하면서 마음을 가라앉힌 후 답변한다.

⑥ 미처 할 말을 다 하지 못했을 때
면접이 끝날 즈음 "질문이 있습니까" 또는 "더 얘기할 게 있습니까"라는 질문이 나오면 그때
가 기회다. 그런 기회가 주어지지 않으면 "마지막으로 한 말씀 드려도 되겠습니까"라고 운을
떼는 것도 좋으나, 자칫 실점할 수도 있으므로 신중을 기하는 것이 좋다.

면접관 실전 평가 리스트

평가 요소	평가 세부 기준	평가
태도 및 자세	용모와 복장이 단정한가?	
	바른 자세와 행동을 보이는가?	
	밝은 표정과 부드러운 시선으로 면접에 임하는가?	
	침착하고 차분한 태도를 갖추고 예의 바른 말씨로 답변하는가?	
	긍정적이고 자신감 있는 태도를 보여주는가?	
의사소통 능력	발음, 크기, 속도, 어조 등 음성적 요소를 적절히 고려하여 정확하게 전달하고자 하는가?	
	적절한 어휘를 사용하고 어법에 맞게 답변하는가?	
	면접관의 질문이나 말에 경청하는 태도를 보이고 적극적으로 반응하는가?	
	면접관의 질문을 이해하고 말할 내용을 적절하게 선정하고 조직했는가?	
	답변의 내용이 충분하면서도 명료하게 전달되는가?	
문제해결 능력	질문이나 문제가 요구하는 바를 정확하게 파악하는가?	
	적절한 시간 내에 질문에 대처하여 응답하는가?	
	구체적이고 타당한 근거를 들어 설득력 있게 본인의 의견을 전달하는가?	
	여러 질문에 대한 답변의 내용이 일관되고 제출 서류와 일치하는가?	
	문제를 다양한 관점에서 보고 자신만의 논리로 창의적인 답변을 마련하는가?	
대학 및 지원 전공에 대한 관심도	지원 대학의 인재상을 정확하게 인지하고 있으며, 인재상에 부합하는 모습을 보여주는가?	
	지원 전공의 특성을 파악하고 자신의 역량을 전공과 잘 연계하여 드러내는가?	
	지원 동기가 구체적이고 지원학과에 대한 관심과 노력 등을 잘 설명하는가?	
	대학 진학 후 학업에 대한 열정과 의지를 드러내는가?	
	진로 계획이 구체적이고 타당하며, 스스로를 관리하고 더 나은 발전을 이루려는 태도를 보이는가? 발전을 이루려는 태도를 보이는가?	

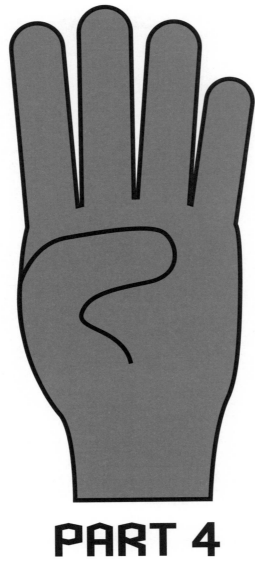

PART 4

백전백승,
합격생의
생기부

도대체 어떤 학생이 합격하나요?

　　인터넷이나 주변 선배의 합격 사례를 볼 때마다 너무 단편적인 내용이거나, 도저히 따라 할 수 없을 정도의 수준인 경우가 많다. 사실 고등학교 전 과정을 정리해서 알려주는 것은 쉬운 일이 아니다. 그 학생을 꾸준히 관찰한 사람이 있거나, 자신이 직접 세부적인 부분까지 정리해서 알려 주는 것 외엔 구체적으로 확인하기 어렵기 때문이다.

　　그래서 PART 4에서는 고1부터 고3까지 학교생활과 입시 준비를 어떤 방식으로 해야 하는지를 자세하게 알려주고자 한다. 그대로 따라 하라는 것이 아니라 주변에서 부러워할 정도의 결과를 낸 선배는 과연 어떻게 입시 준비를 해 왔는지 참고해서 본인의 특성에 맞게 준비했으면 해서다. 나와는 너무 다른 사례라 생각하기보단 어떻게 준비하는 것이 입시에서 유리한지를 성공 사례를 통해 꼼꼼히 확인해 보기 바란다.

어떤 활동을 해야 입시에 유리할까요?

정답은 없다. 자신이 좋아하는 활동과 진로 탐구 활동을 꾸준히 진행하는 것이 필요하다는 원칙적인 말밖에는 할 수가 없다. 하지만 이 말을 바탕으로 자신에게 적합한 활동을 고민하고 꾸준히 진행한 학생들은 분명 입시에서 원하는 결과를 얻었다. 그리고 그 노하우를 확인함으로써 맞춤식 입시 준비를 할 수 있는 방향을 찾을 수 있을 것이다. 학교생활과 자소서, 면접 준비의 방향성을 참고하여 현재 자신이 무엇을 준비하고 집중해야 하는지에 대해 고민해 보기 바란다.

학생부종합전형 합격생의
합격공식

서울교대 포함 4개 대학 교육계열
100% 합격, P양

▶ 사회문제에 관심이 많은 초등학교 교사를 꿈꾸다

　P양의 진로는 초등학교 교사다. 그 꿈이 초등학교 때부터 고등학교 때까지 단 한 번도 변한 적이 없다. 교대를 희망하는 많은 학생들처럼 초등학교 때 선생님의 영향을 많이 받아 진로를 정한 것이다.

　하지만 일반 학생들에 비해 가장 큰 차이는 교대를 준비하기 위한 활동보다 다양한 사회문제에 관심을 가지고 문제의 본질을 찾아보려는 노력과 직접적인 변화를 이끌어 내기 위해 적극적으로 활동했다는 것이다. 특히 역사와 관련해 올바른 인식을 심어 주기 위한 활동을 적극적으로 진행하였다. 생기부에 작성되지 못한다는 것을 알면서도 2학년 2학기까지 꾸준히 활동하였다. 이뿐만 아니라 지역사회의 문제점을 조사하고 변화를 주기 위한 활동도 꾸준히 진행하였다. 특히 자신이 살고 있는 지역이 쓰레기 처리 문제로 인해 지역 주민과 시청과의 다툼이 있다는 것을 알고 이 문제를 해결하기 위해 양쪽 입장을 인터뷰하고 모두가 공감할 수 있는 방안을 시청에 제안한 점은 지역사회의 문제점을 개선하기 위해 노력한 매우 좋은 사례라 할 수 있다.

P양은 교육과 관련된 봉사 활동이나 동아리 활동도 중요하지만 훌륭한 교사가 되기 위해서는 아이들에게 올바른 사회 구성원이 되기 위한 인성을 키워주는 것이 무엇보다 중요하다고 생각했다. 이는 초등학교 때 선생님이 학생들에게 체험학습과 토론 활동을 적극적으로 진행하면서 강조했던 말이고, 그런 활동으로 인해 자신도 지금의 인성을 갖추게 됐다고 한다. 그래서 자신이 초등학교 교사가 된다면 자신이 경험하고 느꼈던 것을 아이들에게도 느끼게 해 주고 싶다고 했다.

일반적으로 말하는 초등학교 교사 모습이 아닌 자신이 생각하고 있는 철학을 고등학교 재학 중에 꾸준히 행동으로 실천한 것은 분명 입시에서 매우 유리하다. 특히 공동체 구성원이 갖춰야 할 인성에 대한 확실한 자기 방향성을 가지고 있다는 것은 입학사정관에게 좋은 평가를 받을 수 있는 매우 중요한 요소다. 초등학교 교사가 되려는 목표를 갖췄다면 아이들을 가르치는 활동뿐만 아니라 교사가 갖춰야 할 가치관을 고민하고 그 가치관을 직접 행동으로 옮기는 활동 또한 경험해 볼 필요가 있다. 교과 활동과 비교과 활동의 방향성이 대부분 비슷하기 때문에 자신만의 특징을 보여 줘야 하기 때문이다.

교대를 준비하는 많은 학생들에게 자신이 목표로 하는 교사의 모습을 물어봤을 때 구체적으로 답변하는 학생은 의외로 적다. 이는 단순히 초등학교 교사가 되고자 하는 목표만 있을 뿐 구체적으로 어떤 교사가 될 것인지는 고민해 보지 않기 때문이다. 교대 학생부종합전형은 경쟁이 매우 치열하다. 과거에 비해 관심도가 떨어졌다고 말하는 사람들도 있지만 여전히 최상위권 학생들이 선호하는 진로이기 때문이다. 그렇기 때문에 교대 입시 준비는 특히나 진로에 대해 많은 고민을 하고 행동으로 옮기는 과정이 반드시 생기부에 기록되어 있어야 한다. 교육과 관련된 다양한 활동을 해야 하는 건 당연하고, 자신만의 특징을 보여 줄 수 있는 활동을 병행해야 교대 입시에서 유리하다는 것을 반드시 기억하기 바란다.

▶ 단위 수에 상관없이 모든 과목에 최선을 다하다

P양은 교과 학습에 스트레스를 많이 받았다고 한다. 교대를 지원하기 위해서는 최상위권 내신을 꾸준히 유지해야 하므로 내신 시험 기간

동안 다른 학생들보다 더 긴장해야 했다. 하지만 주요 과목과 그렇지 않은 과목에 차등을 두지 않고 모든 과목에 최선을 다하는 모습을 보였다. 교대의 내신 산출이 전과목을 반영하기 때문이기도 하지만 교사라는 진로를 목표로 할 경우 모든 과목에 집중하는 모습이 더 유리하리라 생각했기 때문이다. 또한 평소에 모든 과목을 열심히 해야 했기에 학습 과정에서 반드시 지켜야 할 것을 미리 정하고 실천하기 위해 노력하였다.

첫째, 그날 배운 과목은 반드시 당일 복습했다. 복습이 중요하다는 것은 누구나 다 알고 있지만 정작 복습을 매일같이 하는 학생은 많지 않다. 이유는 습관이 되지 않았기 때문인 것도 있지만 분량이 적기 때문에 다음에 합쳐서 하지 뭐 하고 넘어가는 경우가 많다. 또는 다른 급한 숙제를 먼저 처리해야 해서 그냥 넘어가는 경우도 자주 발생한다. 하지만 P양은 단 하루도 복습하지 않고 지나가는 경우가 없었다. 당일 복습을 하지 않으면 오히려 다음 복습 시간이 길어지기 때문이었다. 배운 내용이 희미해지기 전에 복습하면 암기도 더 빨리 되고, 이해 속도도 더 빠르다. 이렇게 매일 꾸준히 복습했기 때문에 자신이 원하는 최상위권 내신을 꾸준히 유지할 수 있었다.

둘째, 학교 수업을 학원 수업보다 더 우선순위에 두고 진행했다. 학원에서 진행되는 선행학습을 하다 보면 자연스럽게 학교 수업을 소홀히 하게 된다. 하지만 이미 학원에서 다 배웠기 때문에 더 공부할 필요가 없다고 생각하는 것이 내신에서는 가장 위험하다고 생각했다. 학원에서 배우는 내용이 아무리 많고 급하더라도 학교에서 배운 내용을 끝내지 않으면 학원 숙제를 시작하지 않을 정도였다.

"시험은 학교 선생님이 출제하기 때문에 가장 집중해야 할 것은 학교 선생님이 말씀하신 내용을 이해하는 것!"이라고 생각했기 때문에 늘 학교 수업을 우선순위에 놓았던 것이다. 학원에 다니는 것은 학교 내신 상승을 위함이다. 학교 내신을 위해 가장 중요한 것은 학교 수업을 완벽히 이해하는 것인데, 많은 학생들이 학원에서 진행하는 수업을 학교 수업보다 더 우선순위에 두고 공부하는 경우가 더러 있다. 이런 경우 최상위권 내신을 확보하는 것이 어려울 수 있다. 아무리 선행학습을 많이 했다고 하더라도 내신에서 좋은 결과를 내지 못하면 아무 의미가 없다는 것을 염두에 두어야 한다.

셋째, 평일에는 내용을 이해하는 데 시간을 할애하고 주말에만 문제풀이를 했다. 고등학교 학습 과정에서 '개념'에 대한 이해는 매우 중요하다. 개념을 완벽히 이해한 학생은 응용력이 생기고 응용력이 높아야 어려운 문제를 해결할 수 있다. 최상위권 내신을 확보하기 위해서는 난이도 높은 문제를 해결할 수 있어야 한다고 생각했기에 가장 기본이 되는 개념을 완벽하게 익히기 위해 꾸준히 노력했다. 그러기 위해서 평일에는 개념을 이해하고 암기하는 데 집중하고, 주말에는 평일에 학습한 내용을 완벽히 이해했는지를 확인하기 위한 문제풀이를 했다. 이런 공부 습관을 꾸준히 유지함으로써 응용력을 높일 수 있었고, 시험 볼 때 좀 더 자신감이 생겼다.

**넷째, 시험 기간을 따로 두지 않고 공부 시간을 늘 똑같이 유지해 나
갔다.** 평소에 진행하는 학습 패턴을 시험 기간에도 유지하는 것이 오
히려 시험 준비에 유리하다고 생각했기에 다른 친구들이 잠자는 시간
을 줄여가면서 시험 준비를 할 때도 자신만의 학습 패턴을 유지해 나
갔다. 이는 평소에 배운 내용을 여러 번 반복 학습했기 때문에 가능했
다. 학원에서는 그다지 인정받지 못했지만 최상위권 내신을 유지할 수
있었던 이유도 바로 여기에 있었다. 자신만의 공부 습관을 꾸준히 유지
하면서 자연스럽게 집중력도 생겼고, 이러한 과정을 통해 효율적인 공
부법 또한 터득할 수 있었다.

▶ 봉사 활동을 통해 교육의 본질을 탐구하다

교대를 준비하는 학생들이 필수적으로 해야만 하는 것이 바로 교
육 봉사 활동이다. 대부분의 고등학교에는 봉사 활동 동아리가 있다.
P양 또한 교육 봉사 활동을 1학년부터 3학년까지 꾸준히 해나갔다.

교육 봉사 활동은 고등학교 내에서 진행하는 것보다 외부 기관에
서 진행하는 경우가 많다. 그렇기 때문에 자칫 봉사 시간 확보를 위해
참여하는 경우가 많다. 또한 생기부에 작성되는 내용이 거의 다 비슷
하기 때문에 자신만의 특징을 보여 줄 수 없다고 생각해 적극성이 떨
어지는 경우도 종종 발생한다. 하지만 교육 봉사 활동을 적극적으로 진

행한다면 그 활동 내에서 배우고 느끼는 것이 매우 많을 것이다. P양의 경우에는 교육 봉사 활동을 하면서 우리나라 교육의 문제점을 고민해 보는 계기가 되었다.

무심코 지나쳤던 교실 모습이 아이들 앞에서 가르치는 역할로 전환되면서 교실이 가르치는 사람에게 집중시키기 위한 구조로 되어 있다라는 점과 이런 모습이 10년 전에도, 20년 전에도 똑같았다는 것을 다양한 자료를 조사하면서 알게 되었다. 그래서 가르치는 선생님에게만 집중하는 교실이 아닌 선생님이 아이들에게 집중할 수 있는 교실 모습은 어떤 것인지에 대해 고민하고 배움 중심의 미래형 교실을 직접 만들어 보는 활동을 추가로 진행하였다. 뿐만 아니라 앞으로 점점 더 학생 수가 줄어들 것이기 때문에 더더욱 학생의 개별 수준에 맞는 수업 진행이 중요해질 것임을 예측하고, 개인 맞춤형 수업을 위한 수업 방법에 대해 친구들과 토론하고 직접 적용해 보는 과정을 통해 미래사회에 필요한 교사의 역할과 교수법에 대해 탐구보고서를 작성하였다.

자신이 속한 활동을 적극적으로 진행하다 보면 활동을 진행하면서 자연스럽게 의문점이 들 것이고, 그 의문점을 해결하기 위한 활동을 진행하는 것이 '심화 탐구 활동'이라 할 수 있다. 이런 활동이 꾸준히 이어짐으로 인해 미래의 교육자로서 생각의 발전과 행동의 변화를 이끌어 낼 수 있었던 것이다.

▶ 입시 준비

학생부종합전형 준비는 교내 다양한 활동을 통해 꾸준히 진행해야 하지만 자소서 준비와 면접 준비는 고3 여름방학부터 시작하는 경우가 많다. 하지만 P양은 다른 학생들에 비해 자소서 준비 시점이 더 빨랐다. 고3 중간고사 이후부터 자소서에 대해 고민하기 시작했고, 자소서를 미리 작성해 보면서 보완해야 할 점이 무엇인지, 추가로 진행해야할 활동은 없는지 확인하였다. 자신의 경험이 다른 학생들과 비교했을 때 어떤 차별성을 보여 줄 수 있는지 끊임없이 고민하는 과정이 자소서 작성에 큰 도움이 되었지만 면접 대비에도 꽤 유용했다.

교대 면접은 학교마다 다른 방법으로 진행된다. 제시문을 바탕으로 면접이 진행되는 경우도 있고, 면접관 앞에서 조별 토론을 진행한 후 발표하는 방식 등 매우 다양하기 때문에 평소 여러 가지 방법으로 면접에 대비해야 한다. P양은 기출문제를 통해 준비하기보단 비문학 지문을 읽으면서 자기 생각을 표현하는 데 더 많은 시간을 할애했다. 뿐만 아니라 학교 친구들과 토론 활동을 적극적으로 진행하면서 타인의 생각을 받아들이거나 조율하는 연습도 꾸준히 하였다. 이런 활동을 통해 면접에 대한 자신감을 높일 수 있었고, 생기부에 작성된 내용을 구체적으로 설명하면서 자신이 진행했던 활동을 통해 배우고 느낀 점을 표현하는 연습 또한 충분히 할 수 있었다.

교대 진학을 목표로 하는 경우에 가장 먼저 고려해야 할 것이 바로 최상위권 내신성적을 확보하는 것이다. 1등급대 내신을 확보하기 위해서는 학원 수업 중심의 내신 대비만으로는 원하는 결과를 얻기 어려울 수 있다. 자신만의 약점을 보완하는 법을 학원에서는 가르쳐 주지 않는다. 스스로 하지 않으면 원하는 결과를 얻기 어렵다. P양의 경우 1등급대 내신 성적을 얻기 위해 학교 수업 복습을 가장 우선순위에 두고 학습해 온 점이 가장 큰 효과를 보았다고 할 수 있다.

뿐만 아니라 사회문제에 관심을 가지고 다양한 자료를 조사하고 토론 활동을 진행한 것도 입시에 큰 도움을 주었다. 자신이 살고 있는 지역의 문제점을 적극적으로 해결해 나가는 학생들은 거의 없다. 문제점을 알고 있고 문제점을 분석하는 탐구 활동을 하는 경우는 있지만 적극적으로 문제를 해결하기 위해 자료를 조사하고 해결책을 제안하는 활동까지 이어진 경우는 많지 않다. 이런 적극적인 태도로 학업에 대한 탐구 의지와 비교과 활동 부분에서 인정받을 수 있었다. 시켜서 하는 활동이 아닌 자신의 의지에 의해 진행한 활동이기에 더더욱 좋은 점수를 받은 것이다.

적극적으로 활동을 진행하면서 자연스럽게 궁금증이 생겨났고, 그런 의문점을 해결하기 위해 스스로 자료를 조사하고 해결해 보는 과정이 자연스럽게 이어지면서 심화 탐구 활동으로 나아간 점도 교대 합격에 긍정적인 영향을 미쳤을 것이다. 자신이 경험했던 것에 대해 의문을 갖고 적극적으로 확인해 나가는 활동을 통해 자기 생각과 행동에 변화를 이끌어 낸 점이 입학사정관이 말하는 적극적인 탐구 활동의 결과물인 것이다. 이런 활동들이 자소서나 면접을 준비하는 데 큰 도움이 되었다. 자소서를 작성하기 위해 어떤 사례를 활용할 것인지를 고민할 때 가장 오래 고민했던 것은 의미 있는 활동이 너무 다양했기에 많은 활동 중 어떤 것을 선정하느냐였다. 이런 상황에서 3학년 때 어떤 활동을 더 해야 하는지까지 고민했으니 좋은 결과가 나온 것은 당연한 결과라 할 수 있다.

성대, UNIST(울산과학기술원), 한양대, 서강대 이공계열 100% 합격, K군

▶ 사교육 No! 혼자서 모든 것을 해결하려는 노력이 인정받다!

K군의 가장 두드러진 특징은 사교육을 전혀 하지 않은 상태에서 1등급 내신을 받았다는 것이다. 부모님이 학원 수강을 제안했지만 본인 스스로 하겠다는 의지를 표명했다. 타인의 도움을 받는 학생과 경쟁할 때 분명 불안하고 힘들었겠지만, 자기 스스로의 노력을 통해 좋은 성적을 낸 것이 어쩌면 대학교에서 가장 크게 인정한 내용이었을 것이다.

K군은 교과 학습에서 가장 중요한 것은 남들보다 빨리 진도를 나가는 것이 아니라 학교 수업 진도에 맞춰 내용을 이해하고 적용하는 능력을 키우는 것이 고등학교 학업 과정에서 가장 중요하다고 생각했다. 선행 학습보다는 심화 학습을 하는 것에 더 집중하였고, 문제 풀이보단 내용을 완벽하게 이해했는지를 반복 확인하면서 기본기를 쌓기 위한 노력을 이어 갔다. 이런 노력이 학교 선생님들에게도 알려지게 되었고, 더 많은 도움을 주려는 분위기가 형성되면서 학업에 더욱 집중할 수 있게 되었다.

K군은 많은 학부모가 원하는 이상적인 자녀 모습일 것이다. 하지

만 이러한 결과 뒤에는 자녀가 결정한 것을 끝까지 믿고 존중해 준 부모님이 있었기에 가능했다. 노력했던 것에 비해 1학년 1학기는 성적이 좋지 못했다. 만약 이 시기에 부모님이 강제로 학원을 보냈다면 지금과 같은 결과가 나오지 않았을 수도 있다. 스스로 공부하는 방법을 터득하는 과정에서 실수도 있었고, 학습 속도도 느렸지만 자신의 문제점을 스스로 극복해 나가는 과정에서 더 많은 지식을 쌓을 수 있었다. 또한 학업에 대한 자신감도 높아졌다.

학교 진도에 맞춰 혼자서 공부하더라도 충분히 최상위권 성적을 유지할 수 있다는 것을 보여 준 것만으로도 고등학교 생활은 성공적이라고 할 수 있다. 이런 학습 과정이 결국 진로 분야의 탐구로까지 이어졌다. 관심 있는 분야는 타인의 도움을 받기보단 느리더라도 스스로 찾아가며 활동을 진행하였고, 결국 원하는 결과를 얻을 수 있었다.

▶ 컴퓨터 프로그램에 대한 관심이 인공지능 전문가라는 진로 목표를 완성시키다!

중학교 때부터 컴퓨터 프로그램에 관심이 많았고, 고등학교 진학 후에도 컴퓨터 프로그래밍에 대한 관심이 높았다. 스스로 컴퓨터 관련 언어를 공부하고 적용하는 과정에서 진로에 대한 확신을 갖게 되었다. 컴퓨터 프로그래머가 되기 위해서 가장 중요한 것은 논리적인 사고를 하는 것이라 생각하게 되었고 그래서 1학년 때는 사고력을 높이기 위한 활동을 진행하였다. 평소 꾸준한 독서를 통해 다양한 지식을 쌓았는데 이 과정에서 미래사회에서 가장 큰 영향을 미칠 인공지능에 대한 정보를 얻게 됐다. 또한 스스로 다양한 자료를 조사하다가 구체적으로 인공지능 전문가가 되고자 하는 목표를 수립하였다. 그리고 인공지능 개발을 위해서는 오히려 인간의 사고방식을 이해하는 게 무엇보다 필수적이라는 결론을 얻어 인간의 본질과 삶에 대해 고민하고, 토론을 진행하면서 인간의 사고과정을 모방한 인공지능 기술을 연구하는 전문가가 되겠다는 구체적인 목표를 세우기에 이르렀다.

컴퓨터 프로그래머가 되고자 하는 학생들이나 인공지능에 대해 관심 있는 학생들을 주변에서 많이 볼 수 있을 것이다. 하지만 인공지능에 관심을 갖고 있는 학생이 인간의 본질을 탐구하는 경우는 극히 드물다. K군은 특히 철학적 사고에 대해 고민하고 독서 활동을 하면서 자신이 어떤 연구를 더 해나가야 할지 생각하고 이를 위한 진로 로드맵을 완성해 나갔다. 공학에 관심이 높은 학생이 인문학 쪽에서 더 많이 고민했던 활동 과정은 분명 다른 학생과의 차별성을 만들어 주었고, 입학사정관에게 높이 평가받을 수 있는 계기가 되었다.

▶ 동아리 활동

가장 두드러진 특징은 1학년과 2학년 때 밴드 동아리 활동을 한 것이다. 우리가 동아리 활동에 대해 얘기할 때 많은 사람들이 진로와 연관성 높은 활동이나 학교에서 배우는 교과 중심으로 심화 활동을 하는 것이 좋다고 말한다. 하지만 K군은 자신이 평소에 관심 있었던 드럼을 배우고 공연도 하는 동아리 활동을 했다. 축제 준비와 외부 공연 활동이 어쩌면 학업에 방해가 될 수도 있었지만 자신이 좋아하는 것을 즐길 수 있었기에 학업에 좀 더 집중할 수 있는 원동력이 되었다.

1학년 때는 밴드 동아리 활동과 더불어 과학 토론 동아리 활동도 진행하였다. 이 시기에 이미 컴퓨터 프로그래머라는 진로를 확정했지만, 프로그래밍 활동보단 교과 학습 활동을 진행하는 것이 자신에게 더 많은 도움이 될 것이라고 생각했다. 프로그래밍 관련 학습은 스스로 탐구하는 활동으로 진행했다. 과학 토론 동아리에서 부장 역할을 맡으면서 생명, 화학, 물리, 환경 등 다양한 주제로 토론을 진행했고, 문제점을 해결해 가는 과정을 적극적으로 이끌면서 친구들에게 많은 도움을 주었으며, 이런 과정을 지켜봤던 동아리 담당 선생님에게 인정받아 생기부에 구체적인 활동 과정과 결과물이 작성될 수 있었다.

2학년 때는 자신이 좋아하는 분야에서 적극적으로 활동하기 위해 동아리를 직접 개설하였다. 프로그래밍에 관심이 있는 친구들과 함께 컴퓨터 관련 주제로 자료 조사와 토론, 발표 과정을 진행하면서 곧 4차 산업 혁명이 도래하면 인간의 활동이 축소되고 인공지능의 활동 영역이 더욱 커지게 되리라는 것을 알게 되었다. 그래서 인간만이 가지고 있는 창의성과 상상력을 바탕으로 새로운 인공지능을 만들어 보겠다는 구체적인 목표를 갖게 되었다. 뿐만 아니라 친구들과 직접 APP 개발을 진행하면서 배운 내용을 직접 적용해 볼 기회도 얻을 수 있었다. 사실 컴퓨터 동아리는 대부분 기초적인 언어만 공부하고 이를 간단히 적용해 보는 과정만 있어서 미리 완성되어 있는 것을 활용한 결과물을 만드는 것이 보편적이다. 하지만 K군은 처음부터 대회 출전을 목표로 기초부터 하나하나 친구들과 학습하고 준비하는 과정을 통해 우수한 성적으로 수상 실적까지 이뤄냈다. 즉 목표를 세우고 그 목표에 도달하기 위한 계획 수립과 실천을 통해 차별화된 결과물을 만들 수 있었다.

3학년 때는 컴퓨터 공학과 연관성이 높은 주제로 탐구 활동에 집중하였다. 자신이 희망하는 학과와 자신이 선택한 진로와의 연관성을 염두에 두고 탐구 활동에 집중함으로써 면접과 자소서 작성에 도움이 될 수 있도록 하였다. 이를 통해 학생부종합전형에 대한 불안감을 자신감으로 바꿀 수 있는 계기가 되었다.

▶ 입시 준비

관심 있는 분야를 바탕으로 진로를 설정하였기에 적극적인 탐구 활동이 가능하였다. 그래서 자연스럽게 자소서 작성 방향도 나올 수 있었고, 자소서 주제를 스스로 선정해 봄으로써 고등학교 재학 기간 진행한 활동을 다시 한번 정리할 수 있었다. 다른 학생들과는 차별화된 주제를 선정함으로써 자기 생각과 준비 방법이 맞는 것인지에 대한 불안을 떨치고 모든 것은 스스로 해나가야 한다는 다짐 속에서 원하는 대학에 합격할 수 있을 것이라고 확신했다.

컴퓨터 공학과 관련된 경험이 다양했지만 꾸준히 밴드 활동을 한 부분을 차별화로 내세우는 전략을 수립하였다. 밴드 활동을 하는 동안 본인이 배우고 느낀 점이 많았기에 자소서와 면접 준비에서 차별화를 이끌어 낼 수 있었다.

학급회장 활동과 멘토링 활동을 1학년부터 3학년까지 꾸준히 진행한 점도 강점으로 보였다. 특히 자기 스스로 학습하면서 깨달은 노하우를 반 전체 학생들에게 알려주고 학업을 도와준 점은 배려와 나눔 측면에서 인정받을 수 있었다.

자기 스스로 진로를 고민하고 탐구하는 활동이 있었기에 면접 준비는 크게 어렵지 않았다. 자신의 경험을 표현하는 데 집중하고, 예상 문제를 바탕으로 거울을 보면서 연습한 결과 희망하는 대학에 모두 합격하는 기쁨을 누릴 수 있었다.

▶ 총평

학생부종합전형에서 가장 중요한 것은 자기주도학습이라 볼 수 있다. 그런 점에서 K군은 가장 이상적인 고등학교 생활을 했다고 할 수 있다. 학원을 전혀 다니지 않고 선행학습은 필요한 부분만 진행하며 스스로 공부하는 모습과 자신의 진로를 고민하고 스스로 찾아가는 과정은 입학사정관이라면 누구나 인정할 수밖에 없는 모습이다.

일반고의 가장 큰 약점이 심화 탐구 활동을 하기 어려운 환경이라는 점인데, 이 부분을 보완하기 위해 자기 스스로 자료를 조사하고 내용을 정리하는 활동을 꾸준히 유지했다. 뿐만 아니라 직접 자율동아리를 만들어 같은 진로를 희망하고 있는 친구들에게 자신이 조사한 내용을 공유하고 토론을 진행하면서 친구들을 도와주는 모습도 좋은 평가를 이끌어냈다.

교과 성적 또한 우수하였기에 자신이 원하는 학교에 모두 합격할 수 있었다. 스스로 노력하는 과정이 특목고나 자사고 학생들의 심화 탐구 경험을 이길 수 있는 좋은 사례로 남았다.

외고 3등급 내신으로 서울대, 고대, 서강대 등 5개 대학 경영학과 100% 합격, C양

▶ 외고에 입학한 이유

C양은 중학생 때부터 노력형이라고 인정받았다. 주변에서는 당연히 특목고를 지원할 것이라 생각하였고, 본인 또한 외고에 진학해서 일반고에서는 못하는 다양한 경험을 하길 원했다. 나 또한 찬성했고, 자신의 진로에 대해 고민하는 과정에서 자소서는 자연스럽게 작성되었다. 면접 또한 적극적인 활동 경험으로 자신감 있게 진행하였다. 그 결과 외고에 합격하였고, 입학 전에 영어와 수학에 집중하면서 자신이 좋아하는 영역의 독서도 꾸준히 병행하였다.

외고를 추천한 이유는 가능성이 높았기 때문이었다. 외고에 입학한 후 좌절감을 느끼는 학생이 많은데, 열심히 노력하는 데도 성적이 오르지 않아 점점 학습에 대한 흥미를 잃고 모든 것을 포기하는 모습을 보이는 학생은 외고보단 일반고에 진학해서 공부하는 것이 훨씬 더 유리하다. 하지만 C양은 위기를 극복하려는 의지가 높고, 자신이 희망하는 진로와 외고와의 연관성이 높았기에 충분히 잘 적응할 것이라 예상하였다.

C양이 외고에 입학한 후 가장 놀랐던 것은 모두가 적극적으로 활

동하는 모습과 학업에 집중하는 모습이었다. 교과 학습과 비교과 활동 모두 적극적으로 진행하는 친구들을 보면서 자연스럽게 학교생활에 적응하게 되었다. 외고가 가지고 있는 장점을 활용할 기회를 얻었기에 더욱 자신감이 생겼다. 물론 학교생활을 하면서 친구 관계나 치열한 경쟁에서 오는 스트레스 때문에 힘든 경우도 있었다. 하지만 힘든 과정을 잘 극복할 수 있도록 부모님과 주변에서 많은 도움을 주었고, 그런 과정을 통해 좋은 결과를 낼 수 있었다.

▶ 수학에 대한 흥미를 경제와 연결시키다

C양은 수학에 대한 관심이 유달리 높았다. 단순히 문제를 많이 풀어 보는 것을 넘어 다양한 수학적 지식을 쌓길 희망했고, 자신이 배운 수학적 지식을 활용해 다양한 경험을 해 보려 노력하였다. 특히 이런 적극적인 모습이 수학 선생님들에게 인정받는 계기가 되었고, 자연스럽게 생기부의 세부 능력 및 특기사항에 다른 학생들에 비해 수학적 능력과 지식이 뛰어나다고 기재돼 다른 학생들과 변별력 있는 모습을 보여 줄 수 있었다.

수학을 좋아했기 때문에 자연스럽게 진로는 수학을 활용해 활동할 수 있는 분야를 고민하게 되었고, 진로에 대해 다양한 토론을 진행하면서 경제와 통계 분야로 압축하기에 이르렀다. 그리고 학과보다는 자신의 진로에 대한 전반적인 방향성을 논의하면서 경영 컨설턴트라는 진로 목표를 세웠다. 기업이 가지고 있는 다양한 문제를 해결하기 위해서는 다양한 자료를 수집하고 분석하는 능력이 필요하다는 것에 흥미를 갖게 되었고, 이 분야를 기준으로 다양한 활동 계획을 수립할 수 있었다. 이런 경험들은 수학에 대한 관심과 흥미를 더 높일 수 있는 계기가 되었다. 명확하게 진로를 설정하고 나니 수학뿐만 아니라 다른 과목에서도 자연스럽게 진로에 맞는 주제를 선정하고 발표나 탐구 활동을 할 수 있었다.

교과 학습을 하는 데 있어 가장 중요한 것은 '내가 왜 이 과목을 공부하는가?'에 대한 해답을 찾는 것이다. 많은 학생들이 강제적으로, 누구나 다 하기 때문에, 당연한 듯 공부하고 있다. 주변에서는 공부는 그냥 열심히 해야 하는 것이라고 말하면서 억지로라도 하라고 말한다. 이런 상황에서 자신의 진로 로드맵을 고민해 가며 교과 학습을 진로와 연결시킬 수 있다는 것은 큰 의미가 있다. 모두가 열심히 하는 분위기라도 지칠 때가 있다. 하지만 의지와 신념이 강한 학생들은 이런 상황을 잘 극복한다. 뿐만 아니라 다양한 심화 활동을 해야 할 이유가 있기 때문에 더욱 적극적으로 활동할 수 있는 계기가 된다.

수학을 좋아해서 경제와 연결해 진로 계획을 세우는 학생들은 많다. 하지만 '경제' 영역으로 진로를 설정하면서 수학이 얼마만큼 영향을 미치는지, 경제학을 공부한 다음 어떤 활동을 할 수 있는지에 대해 구체적으로 조사하고 고민하는 경우는 많지 않다. 하지만 C양은 경제학에 대한 조사는 물론 '경제'라는 주제를 가지고 다양한 독서 활동을 함께 진행하였고, 수학과 경제를 연결시키는 과정에서 자신의 진로를 더욱 명확히 하고 로드맵 작성을 통해 교과에 대한 흥미와 진로를 연결해 학업 의지를 더욱 높일 수 있는 계기를 만들었다.

▶ 교과 심화 활동을 수업시간에 활용하다

외고 특성상 교과 수업에 다양한 토론 활동과 주제 탐구 활동이 많았기 때문에 이 부분을 적극적으로 진행하면서 다양한 배경지식을 쌓는 데 집중하였다. 활동을 진행할 때는 스스로에게 네 가지 질문을 하고 답을 구했다.

- 내가 이 주제를 선정한 이유는 무엇인가?
- 이 활동이 나에게 어떤 도움이 줄 것이라 생각하는가?
- 이 활동이 끝난 지금 나는 어떤 것을 배우고 느꼈는가?
- 이 활동의 결과물을 활용해 추가 활동을 해야 할 필요성이 있는가?

C양은 학교 수업에 집중하는 데 가장 많은 노력을 기울였다고 한다. 학원에서 진행하는 선행학습도 중요하지만 학교 수업에서 배운 내용을 가장 우선순위에 놓고 학습을 진행하였던 것이다. 자는 시간을 줄여 공부 시간을 늘리는 것보다 깨어 있는 시간 동안 최대한 집중할 수 있는 방법에 대해 고민하고 계획을 수립하였다.

선생님이 수업하는 시간에 집중하는 건 물론이고, 발표나 토론 수업에 적극적으로 참여하면서 스스로 그 안에서 의미를 찾고 지식을 쌓는 과정 또한 소홀히 하지 않았다. 이런 과정들이 결국 배경지식으로 쌓여 좋은 결과로 이어지는 원동력이 되었다. 교과 수업에서 진행했던 것은 가능한 한 기록하고, 필요할 경우 적절히 활용할 수 있도록 준비해 두었다. 생기부 작성뿐만 아니라 면접에도 활용할 수 있기에 꾸준히 기록하고 정리해 나간 것이 나중에 면접을 대비하는 데 있어 큰 도움이 되었다.

▶ 동아리 활동

1학년 때는 다양한 주제를 탐구할 수 있는 동아리 활동에 집중하였다. 주변에서 발생하는 사회문제를 학생의 시각에서 바라보고 해결방법을 찾거나, 외고라는 특성을 활용하여 영어 봉사 활동을 진행하였으며, 교재를 직접 제작하면서 다양한 전문가를 찾아가 영어 학습의 방향성을 고민하기도 하였다. 뿐만 아니라 아프리카 아이들에게 도움이 될 수 있는 물건을 모아 제공하는 활동도 병행하였다.

2학년에 올라가서는 자신이 가장 중요하게 생각하는 경제학과 경영학의 심화 탐구 활동을 할 수 있는 동아리에 집중하였다. 정치, 외교, 언론, 교육 등 모든 분야에서 경제라는 주제를 활용할 수 있기 때문에 경제와 연관된 다양한 주제를 바탕으로 활동을 진행하면서 학문적 접근이 아닌 실생활에서 보여지는 경제에 대해 이해도를 높였다. 언론에서 발표하는 기사들을 통해 우리 사회가 가지고 있는 이슈와 경제와의 연관성을 분석하고 토론 활동을 진행하면서 배경지식을 쌓는 경험도 하였다. 특히 현재 배우고 있는 미적분을 경제 관련 분석에 활용하면서 수학의 이해도 또한 높였다. 또한 다양한 고전 경제학 책을 읽으면서 이론적인 지식 탐구도 병행하였다. 이뿐만 아니라 빈곤의 대물림에서 벗어나기 위해 가장 중요한 것은 교육이라는 생각을 갖고 저소득 국가에 도서관을 지어 주기 위한 활동을 1학년 때에 이어 2학년 때도 계속 진행하였다.

3학년 때는 자신의 구체적인 진로에 맞는 탐구 활동에 집중하였다. 경영/경제 컨설턴트가 되고자 하는 생각이 1학년부터 3학년까지 꾸준히 유지되었기 때문에 3학년 때도 이와 관련된 활동을 하게 되었다. 특히 다양한 봉사 활동을 통해 기업 경영 컨설턴트가 아닌 소외당하는 사람들도 모두 참여할 수 있는 경제 활동을 위한 컨설턴트가 되겠다는 구체적인 목표를 갖게 되면서 공유경제에 대해 더욱 깊이 탐구하고 활동을 진행하였다.

진로가 명확했음에도 불구하고 진로 활동에만 집중하지 않고 다양한 지식을 쌓기 위한 활동 또한 중요하게 생각해 여러 결과물을 만들기 위해 노력하였다. 특히 배경지식을 많이 쌓기 위해 다양한 경험을 하는 데 집중하였다. 학년이 올라갈수록 자신의 진로를 더 구체화할 수 있는 활동 비중을 늘려나갔고, 이런 과정들을 통해 더욱 구체적으로 진로를 고민하여 결정할 수 있게 되었다.

▶ 다양한 경험을 통해 공유경제 전문가를 꿈꾸다

기업의 경영 활동에 도움을 주는 컨설턴트가 아닌 저소득층이나 사회적 약자인 사람들을 위한 경영컨설턴트가 되겠다는 목표는 다양한 봉사 활동과 사회문제에 관심을 갖고 구체적인 활동을 이어가면서 완성되었다. 특히 우리나라뿐만 아니라 해외 경제 활동 사례들을 조사하면서 공유경제의 필요성과 효과에 대해 진지하게 고민하고 탐구 활동을 진행하였으며, 공유경제 전문가가 되어 우리 사회에 긍정적인 영향력을 미치는 인재가 되고자 하는 목표를 세우게 되었다. 만약 경제 관련 논문이나 기사만 찾아 읽고 학교에서 배우는 경제 수업만 들었다면 이런 목표를 갖기 어려웠을 것이다. 봉사 활동과 다양한 사회문제를 조사하고 토론하는 과정이 있었기에 가능했다.

▶ 입시 준비

목표가 명확했기에 당연히 경영학과나 경제학과를 지원하였다. 주변에서는 학과보다는 안정적으로 상위권 대학에 합격할 수 있는 방향에서 상경계열이 아닌 어문계열에 지원하라고 제안하기도 했다. 하지만 학생부종합전형은 내신보다 활동에 더욱 큰 비중을 둔 전형이기에

1학년부터 3학년 1학기까지 최선을 다해 활동한 결과를 믿고 경영학과에 지원하여 지원한 모든 학교에 합격하는 결과를 얻어 냈다.

자소서 작성은 자신이 지금까지 진행한 활동 중에서 남이 인정한 활동이 아닌 자신이 가장 의미 있다고 생각하는 활동을 바탕으로 작성하였다. 보여주기식이 아닌 진정성을 바탕으로 자소서를 작성했기에 오히려 좋은 결과를 얻을 수 있었다고 생각한다. 특히 합격한 선배의 합격 사례를 참고한 친구들과는 달리 자신의 생기부와 지금까지 작성한 활동 결과물을 보면서 자신만의 자소서를 완성하기 위해 노력하였다.

면접 또한 생기부와 자소서를 바탕으로 예상 문제를 만들어 스스로 답변하고 피드백하는 과정에 집중하였고, 실제 면접과 동일한 상황을 여러 번 반복하면서 긴장감을 최소화시키는 데 집중하였다. 수학과 영어, 국어 등은 기본 실력을 갖추고 있었기에 구술면접은 자기 생각을 표현하는 방법에 대해 집중하여 고민하고 답변한 내용을 녹음해 직접 들어보는 식으로 자신의 약점을 보완하였다.

▶ 총평

C양의 경우는 경영학이나 경제학 같은 전문적인 이론보다는 다양한 사례를 통해 자료를 조사하고 분석하는 활동을 주로 하였다. 독서 활동은 인문학에 집중하면서 사고 능력을 키우기 위해 노력하였다. 발

췌 독서가 아닌 전체 내용을 읽고, 자신이 배우고 느낀 점을 기록함으로써 배경지식을 더 많이 쌓을 수 있었다. 이런 활동들을 통해 자신의 진로 로드맵을 더욱 구체적으로 완성할 수 있었으며, 이 부분이 입학사정관에게 좋은 인상을 남겼다. 보여지는 결과물이 아닌 지식을 쌓기 위한 과정에서 생긴 결과물들이 결국 입시에서 유리한 위치를 선점할 수 있었다.

[부록] 입학사정관 학생부종합전형 평가 기준 안내

1. 학업 역량

학업 역량은 학업을 충실히 수행할 수 있는지를 평가하는 영역이다. 학업 역량은 정성적인 부분과 정량적인 부분으로 나누어 평가가 진행되며, 크게 학업 성취도, 학업 태도, 학업 의지, 탐구 활동으로 나뉜다.

학업 성취도는 교과목의 석차등급이나 원점수(등급/표준편차)를 활용해 산정한 학업 능력 지표와 교과목 이수 현황 등을 기반으로 평가한 교과의 성취 수준이나 학업적 발전 정도를 의미한다.

세부 평가 내용
- 전체적인 교과 성적은 다른 지원자들에 비해 어느 정도인가?
- 학기별/학년별 성적은 고르게 유지되고 있는가?
- 학기별/학년별 성적은 상승/하락하고 있는가?
- 대학 수학에 필요한 기본과목(국어, 영어, 수학, 사회/과학 등) 성적은 어느 정도인가?
- 그 외 과목 성적은 전반적으로 무난한가?
- 유난히 소홀함을 보인 과목은 없는가?
- 희망 전공과 관련된 기본 과목은 어느 정도 이수했는가?
- 희망 전공과 관련된 도전 과제나 과목을 이수하기 위해 어떤 노력을 했는가?
- 과목별 이수자 수의 규모는 어느 정도인가?
- 과목별 등급 외 원점수(평균/표준편차 포함)는 적절한가?

학업 태도와 학업 의지는 학업을 수행하고 학습을 해나가는 자발적인 의지와 태도, 학습자가 스스로 학습 목표를 설정하고 적절한 학습 전략을 선택해 계획을 수립하고 실천하는 과정을 말한다.

세부 평가 내용

- 새로운 지식을 습득하기 위해 자기주도적인 태도로 노력하고 있는가?
- 자발적인 성취동기와 목표의식을 가지고 넓고 깊게 학습하려는 의지와 열정이 있는가?
- 교과 활동을 통해 지식의 폭을 확장하고 새로운 것을 창출하려는 노력을 하고 있는가?
- 교과 수업에서 적극적이고 집중력이 있으며 스스로 참여하고 이해하려는 태도와 열정을 보이는가?

학업 태도와 학업 의지는 정성적인 요소가 큰 영역이다. 그래서 학생부종합전형에서 매우 중요한 비중을 차지하고 있다. 이 영역에서는 특히 자기주도성을 강조하는 것이 유리하다.

탐구 활동은 어떤 대상에 대해 호기심을 가지고 깊고 폭넓게 탐구할 수 있는 능력을 말한다.

세부 평가 내용

- 교과에서 이뤄지고 있는 탐구 활동에 적극적으로 참여하고 있는가?
- 각종 교과 탐구 활동을 통해 창의적인 결과물을 산출하고 있는가?
- 탐구 활동에서 표출되는 학문에 대한 열의와 지적 관심을 가지고 있는가?
- 성공적인 학업 생활을 위해 적극적인 탐구 의지와 호기심을 가지고 있는가?

2. 전공 적합성

전공 적합성은 지원하고자 하는 전공을 학습하기 위한 능력을 말한다. 즉 지원하고자 하는 전공을 위해 어떤 노력을 해 왔는지를 평가하는 영역이며, 전공 관련 교과목 이수 및 성취도와 전공에 대한 관심과 이해, 전공 관련 활동과 경험으로 평가가 진행된다.

전공 관련 교과목 이수 및 성취도는 전공(계열)에 필요한 과목을 수강하고 취득한 학업 성취 수준을 말한다.

세부 평가 내용
- 지원 전공(계열)에 필요한 과목을 수강하고 취득한 학업 성취도 수준은 어떠한가?
- 지원 전공(계열)과 관련된 과목을 어느 정도 이수했는가?
- 지원 전공(계열)과 관련해 스스로 선택해 수강한 과목은 얼마나 되는가?
- 지원 전공(계열)과 관련된 교과 성적이 우수한가?(이수 단위, 수강자 수, 원점수, 평균, 표준편차 참고)

전공에 대한 관심과 이해는 지원 전공(계열)에 대한 궁금증을 해결하기 위해 주의를 기울인 태도와 알고 있는 정도를 말한다.

세부 평가 내용

- 지원 전공에 대한 흥미와 관심을 가지고 있는가?
- 지원 전공에 대해 올바르게 이해하고 있는가?
- 자신의 경험과 지원 전공의 연관성을 설명할 수 있는가?

전공 관련 활동과 경험은 지원 전공(계열)에 대한 관심을 충족시키기 위해 노력한 과정과 배운 점을 말한다.

세부 평가 내용

- 지원 전공과 관련된 교과 관련 활동(세부 능력 및 특기사항, 수상 등)이 있는가?
- 지원 전공과 관련된 창의적 체험 활동(자율/동아리/봉사/진로)이 있는가?
- 지원 전공과 관련된 독서 활동이 있으며 적절한 수준인가?

3. 인성

인성은 사람의 성품을 의미한다. 대학교에서는 공동체 생활을 하는 데 필요로 하는 자질을 인성으로 평가한다. 평가는 협업 능력, 나눔과 배려, 도덕성, 성실성, 소통 능력으로 나누어 진행한다.

협업 능력은 공동체의 목표를 달성하기 위해 상호 신뢰를 바탕으로 함께 돕고 함께 생활할 수 있는 역량을 말한다

평가 세부 항목

- 자발적인 협력을 통해 공동의 과제를 완성한 경험이 자주 나타나는가?
- 협력이 부족한 상황에서 사람들을 설득해 협동을 이끌어 낸 경험을 가지고 있는가?
- 공동 과제나 단체 활동을 즐겨 하고, 구성원들로부터 좋은 동료로 인정받고 있는가?

나눔과 배려는 상대방을 존중하고 이해함으로써 원만한 관계를 형성하며, 타인을 위해 기꺼이 나눠줄 수 있는 태도를 말한다.

평가 세부 항목

- 타인을 위해 자신의 것을 나누고자 한 구체적 경험이 지속적으로 나타나는가?
- 봉사 활동 등을 통해 나눔을 생활화하고자 하는 경험이 지속적으로 나타나는가?
- 나와 다른 생각을 가진 상대방의 입장을 이해하고 존중하려는 노력을 기울이고 있는가?
- 학교생활에서 타인을 배려한 본보기로 언급되거나 모범이 된 사례가 있는가?

도덕성은 인성 평가에서 활용하지 않는 경우가 대다수지만 인성의 기

본인 윤리의식 함양이 시민의식과 공동체의식의 기본이 된다는 점에서 이 항목에 포함된다.

평가 세부 항목

- 자신이 속한 집단이 정한 규칙과 규정을 준수하고, 자신에게 불리한 경우라 하더라도 이를 준수하려고 노력하고 있는가?
- 자신이 속한 구성원들에게 인정과 신뢰를 얻고 있으며, 바람직한 행동으로 모범이 되고 있는가?
- 규칙이나 규정을 어긴 경우 자신의 잘못을 인정하고 개선하려는 노력을 기울였는가?

성실성은 책임감을 바탕으로 꾸준히 노력해 자신의 의무를 다하려는 태도와 행동을 말한다.

평가 세부 항목

- 학업 활동에 있어 지속적인 노력을 통해 꾸준함을 보여 주고 있는가?
- 자신의 관심 분야나 진로와 관련된 활동을 지속적으로 수행한 경험이 있는가?
- 어려운 상황이 발생해도 일관된 모습으로 최선의 노력을 기울인 경험이 있는가?
- 출결 사항이나 단체 활동 참여 등 학생으로서 당연히 해야 하는 의무를 책임감 있게 수행했는가?

소통 능력은 상대방의 의견을 경청하고, 공감할 수 있으며, 자신의 정보와 생각을 효과적으로 전달할 수 있는 역량을 말한다.

평가 세부 항목

- 공동과제 수행이나 모둠 활동, 단체 활동 등에서 타인의 의견을 경청하고, 상대방의 관심 사항과 요구를 공감하고 이해하는가?
- 수업이나 교과 외 활동 등에서 자신의 의견을 효과적으로 표현했는가?
- 자기 생각이나 의견을 논리적이고 체계적으로 기술한 경험이 나타나는가?
- 새로운 지식이나 사고방식에 대해 열린 마음으로 적극적으로 받아들이고 있는가?

4. 발전 가능성

발전 가능성은 '창의성'과 '잠재력'을 말한다. 즉 현재 상황이나 수준보다 더 높은 단계로 향상될 수 있는 가능성을 말하며, 자기주도성, 리더십, 창의적 문제 해결력, 경험의 다양성으로 평가가 진행된다.

자기주도성은 스스로 목표를 설정하고 적절한 전략을 선택해 계획을 수립하고 실행하고자 하는 성향을 말한다.

평가 세부 항목

- 교내 다양한 활동에서 주도적, 적극적으로 활동을 수행했는가?
- 새로운 과제를 주도적으로 만들고 성과를 냈는가?

- 기존에 경험한 내용을 바탕으로 스스로 외연을 확장하려고 노력했는가?

리더십은 공동체의 목표 달성을 위해 구성원의 화합과 단결을 이끌어 가는 역량을 말한다.

평가 세부 항목

- 학생회, 동아리 등 학생 주도 활동에서 역할을 수행한 경험이 있는가?
- 구성원의 화합과 단결을 이끌어 가기 위한 구체적인 행동 경험이 있는가?
- 공동체의 목표를 달성하기 위해 계획하고 실행을 주도한 경험이 있는가?

창의적 문제 해결력은 창의적이고 논리적인 사고로 문제를 해결하는 능력을 말한다.

평가 세부 항목

- 교내 활동 과정에서 창의적인 발상을 통해 일을 진행한 경험이 있는가?
- 교내 활동 과정에서 나타나는 문제점을 적극적으로 해결하기 위해 노력했는가?
- 주어진 교육 환경을 극복하거나 충분히 활용한 경험이 있는가?

경험의 다양성은 학교 교육의 다양한 영역에서 직접 겪거나 활동하면서 얻는 성장 과정의 결과를 말한다.

평가 세부 항목

- 자율, 동아리, 봉사, 진로 활동 등 체험 활동을 통해 다양한 경험을 쌓았는가?
- 독서 활동을 통해 다양한 영역에서 지식과 문화적 소양을 쌓았는가?
- 예체능 영역에서 적극적이고 성실하게 참여했는가?
- 자신의 목표를 위해 도전한 경험을 통해 성취한 적이 있는가?